duas iguais

Cíntia Moscovich

duas iguais

EDITORA RECORD
RIO DE JANEIRO • SÃO PAULO
2004

CIP-Brasil. Catalogação-na-fonte
Sindicato Nacional dos Editores de Livros, RJ.

M867d Moscovich, Cíntia, 1958-
Duas iguais / Cíntia Moscovich. – Rio de Janeiro: Record, 2004.

ISBN 85-01-06915-9

1. Romance brasileiro. I. Título.

04-2000 CDD – 869.93
CDU – 821.134.3(81)-3

Capa: Tereza Yamashita e Nelson de Oliveira

Imagem de capa: Corbis / Stock Photos

DISTRIBUIDORA RECORD DE SERVIÇOS DE IMPRENSA S.A.
Rua Argentina 171 – Rio de Janeiro, RJ – 20921-380 – Tel.: 2585-2000

Impresso no Brasil

ISBN 85-01-06915-9

PEDIDOS PELO REEMBOLSO POSTAL
Caixa Postal 23.052
Rio de Janeiro, RJ – 20922-970

Para Luiz Antonio de Assis Brasil,
generoso mestre e amigo, o primeiro que
viu as coisas que poderiam ser.

Love demands expression. It will not stay still, stay silent, be good, be modest, be seen and not heard, no. It will break out in tongues of praise, the high note that smashes the glass and spills the liquid.

JEANETTE WINTERSON

Sumário

O início 13

A viagem 51

Ana em Paris 83

Quatro pequenos relatos 95

O enredo dos encontros 115

A história sob todas as coisas 125

A danação 143

Os movimentos da matéria que busca a forma 157

Outros três pequenos relatos 171

Ainda Ana em Paris 189

Mais trapaças 197

Medulla oblongata 207

As formas de morrer 215

Dura-máter 225

Ana e seu sono 239

O fim 247

Tem sido assim desde o princípio: a história dos meus dias, a história da minha vida, cada história que posso contar guarda em si outra história, inenarrável. Um tormento, porque tenho a esperança de que façam sentido as palavras e sentenças que vou justapondo — preto no branco, a trama visível —, mesmo que a mim mesma escapem o nexo da história que conto e o sentido daquela que não posso contar. Como a vida, os fatos são fragmentários, a coerência suspeita. As palavras e as sentenças, desta forma, no máximo podem flutuar acima do que quero — ou do que pretendia — dizer.

Eu queria contar uma história de amor.

O início

— E agora, o que é que a gente vai fazer?

Como é que eu ia saber? Ainda mais que ela me olhava com a dureza de quem espera uma resposta. Não uma resposta qualquer, mas uma resposta positiva, afirmativa, definitiva, taxativa. Resposta-resposta, enfim. Ana estava usando, mal, a vantagem de quem pergunta primeiro. Afinal, foi ela quem perguntou primeiro, sem me dar tempo. Eu teria feito a mesma pergunta se ela tivesse me dado tempo. Ah, se teria. Teria, sim, e tenho certeza de que lhe espicharia o olhar daquele mesmo jeito duro com que ela me invadia. E agora, lá estava Aninha, me encharcando de verde e de pavor, esperando que eu solucionasse o dilema, como se dilemas se solucionassem com palavras e como se o fato de ela ter perguntado primeiro me tornasse a dona de todas as respostas. Sabedoria instantânea, era o que queria de mim. Minha amiga sempre foi assim, fazia as perguntas e eu tinha de saber as respostas. Nunca me poupou. A sabedoria repousa nas perguntas — Aninha era sábia porque tinha as perguntas. Era a portadora de todas as dúvidas do mundo; as inquietações que nutria sempre me pareceram — e continuariam, ao longo da vida, a me parecer — muito maiores do que aquelas que uma menina de dezesseis anos de idade poderia acumular. Eram inquietações maiúsculas, que iam da existência de Deus ao uso da crase. Passados muitos anos, me rendo aos fatos e percebo que, em parte, assimilei algumas inquietações dela, espécie sofisticada de mimetismo; nós, as duas, sempre nos tornando muito parecidas, nossas adolescências fluindo e as dúvidas permanecendo; eu, ainda hoje inquieta, sem saber se Deus existe e como se usa, afinal, o raio da crase. Ambas as coisas e todas as outras dependem exclusivamente da fé. Existiu, me pergunto, algum momento em que fomos perfeitamente iguais? Eu sempre tive de ir atrás das respostas. E eu tinha de saber. A dúvida do momento, porém, era demais para minha pouca idade e experiência. Ainda hoje, a dúvida me atazana. Cicuta, asfixia, enforcamento, esmagamento pelo ônibus que passava em frente ao colégio. Sabia eu. Me dava conta que havia muitas formas de morrer, que achar um jeito de morrer era muitíssimo mais fácil do que responder à pergunta. Olhei-a e tentei devolver a charada. Ela não aceitou. Suspirou fundo, aborrecida porque eu não lhe dava a resposta. Aninha sempre entediada. Tentei ganhar tempo, alimentar-lhe o tédio, até que se consumisse e começasse, ela, a pensar na resposta. Podíamos pensar juntas, mas parecia que esta solução não cabia nos seus planos. Todas as respostas e soluções dependiam do estado anímico dela, e o estado anímico dela dependia das marés ou das fases da lua, nunca cheguei a uma conclusão definitiva. Às terças e quintas, ela assistia às sagradas aulas de francês, eu sabia. A bem da verdade, Aninha foi a primeira pessoa que eu conheci que estudava francês. Não a imaginava falando nenhuma outra língua: nasceu com a boca armada naquele biquinho acrobático dos francofones. Mesmo que fosse uma favelada, ainda assim teria sido uma favelada que falava francês. Me aproveitei do compromisso para enxotá-la da sala:

— Não sei. Não sei mesmo.

Ana não se contentou com a evasiva. Continuei sem norte, muito embora fizesse questão de demonstrar uma serenidade inventada. Aquele era o primeiro drama de minha vida e, pela primeira vez, eu estava segura de que perguntar ao meu pai o que fazer não daria muito certo. Aliás, nada certo. O pensamento de meu pai só me fez aumentar o pavor e, proporcionalmente, a pose de fleumática. Em caso de dúvida, seja superior; em caso de certeza, seja intransponível, minha filha. Ela, que me conhecia demasiadamente bem, não aceitara a minha proposta tácita de fazer de conta que não era nada de grave. Acho que a conjunção dos planetas não favorecia respostas pouco definitivas. Ela queria algo mais substancial, algo que eu não tinha para oferecer porque a dúvida dela era exatamente a minha. Tinha para mim, naquele momento, que não podíamos nos desesperar. Ao menos, não as duas ao mesmo tempo. Contrariando o relógio, que pendurado na parede anunciava que já quase passava da hora de pegar o ônibus que a levaria até o centro, Aninha, a danada, se atirou de costas na pilha de almofadas, se amontoou no canto da sala, afundada na maciez, e ameaçou não ir à aula. Me pareceu que iria chorar. Lá vinha minha amiga com mais uma das milhões de chantagens com que me movia. Sim, porque me movia. Eu, do jeito que estava, sentada na cadeira dura, com as mãos no teclado da máquina de escrever, continuei imóvel, rezando para que ela se desse conta de que horas já eram aquilo. Eu havia girado demasiadamente o tronco, me torcido toda para ficar controlando os ponteiros e, é claro, para acompanhar os movimentos precedentes e seguintes à pergunta. Jamais havia perdido um só movimento, uma só palavra dela, e não seria, justo agora, que perderia. Do jeito que estava, datilografando a matéria para o jornal do colégio, a posição, o relógio e a minha perplexidade me pareciam igualmente ridículos. Mas Ana não me parecia ridícula, ela não. Dali, de onde eu a via, parecia mais linda do que nunca, eu que sempre a achara linda. Os cabelos longos emaranhados sobre as almofadas, a pele muito clara, os olhos muito verdes. Ela parecia uma fruta, uma fruta de se comer com as mãos, dessas que a gente se lambuza e chafurda os dedos na meleca. Não sabia o gosto dela. Sabia que aquilo não era hora para pensar uma coisas daquelas — Aninha, uma fruta. Nós havíamos chegado a um ponto definitivo. Era tudo evidente e nós, ou melhor, *ela* havia se dado conta. Ela, sempre ela, e as minhas certezas sempre pareciam ter a consistência, o tamanho e a forma de um protozoário. Sempre achei também que o dar-se-conta era o seu passatempo preferido. Mas agora tudo me parecia pior. Não era um prosaico dar-se-conta. Havíamos avançado o limite daquilo que entendíamos e com o qual sabíamos lidar e conviver, alguma coisa em nossas vidas havia, subitamente, ultrapassado nossa competência, e não tínhamos a menor idéia do que fazer. Me diverti, esquecendo a ilusão de que talvez ela fosse à aula, dizendo que me sentia como um desses cachorros vira-latas que latem até a morte quando um carro passa e que, quando o tal do carro finalmente pára, não sabe o que fazer. A resposta, então, era bater em retirada, com o rabo no meio das pernas. Rimos as duas, rimos, rimos, como sempre fazíamos quando alguma coisa nos pegava de surpresa. E eu pensei que eu adorava ver Aninha rir. Meu Deus, como eu adorava.

Meu pai havia me acordado muito cedo. O movimento da casa iniciara com um cheiro bom de café. Adivinhei que a mãe estava na cozinha, que meus irmãos já haviam se levantado e que estavam à mesa. O pai tomaria seu lugar num instante, de frente para a porta, vindo, ainda sem gravata, com a camisa engomada, o colarinho armado por barbatanas, o jornal debaixo do braço. Esqueceria a xícara com o café e sentaria de lado para a mesa, segurando o jornal com as duas mãos, as pernas abertas, iniciando um estranho balé, em que ora movia a cabeça acompanhando o sobe-e-desce das colunas, ora movia o jornal na mesma direção e sentido.

Ao chegar na copa, estreando a calça de brim na qual providenciara a costura de uma nesga de tecido que aumentava o diâmetro da boca em uns bons quinze centímetros, meu pai fez cara de quem não gostou. Fez só abaixar o jornal e menear a cabeça. As tais coisas de hippies, eu teria ouvido se ele tivesse falado. Não falou; limitou-se a pensar, o que não era a mesma coisa, mas que, ao menos para mim, era igual. Não sei o que minha mãe teria pensado, ela era milhões de vezes menos sarcástica que meu pai, fato que, muitas vezes, me irritava ou me acalmava. Tudo dependia da situação. Engoli o café ansiosa, meu pai escondido atrás do jornal. Por que o pai sempre lia jornais e jornais? Aquilo era desagradável. O nariz enfiado nas páginas e a gente só alcançando ver as manchetes, ansiando pelos comentários que volta e meia ele fazia. O pai tinha a primazia no jornal. De resto, em tudo na nossa vida. Assim, as manhãs de todos os dias começavam só com aquelas letras garrafais, o mundo acontecendo em frases curtas, até que ele, lembrando que o café esfriava, dignava-se a descolar os olhos do diário, coçava o nariz e, em tom de gravidade, que este mundo estava mesmo perdido, começava a relatar em minúcias o que lia, acrescentando outros dados, que sempre eram omitidos, como é que o fulano pretendia se autoproclamar jornalista se escrevia aquelas barbaridades? Minha mãe tratava de encher a xícara outra vez, irritando-se porque a resenha dos fatos era sempre extensa e nós poderíamos nos atrasar para o colégio. Mas eu, eu adorava os comentários com cheiro de café. Adorava meu pai e as considerações que, ao contrário do que pensava minha mãe, eram poucas, sempre poucas e razoáveis, compostas entre encorpados goles de café e imediatamente depois que ele coçava a ponta do nariz adunco, gestos que lhe davam tempo suficiente para avaliar todos os ângulos do assunto em discussão.

O pai era assim, emitia a opinião e, quando tudo parecia estar resolvido (porque, para nossa tranqüilidade, descobri só muitos anos mais tarde, o pai resolvia o mundo), propunha questões complementares, retomando o assunto que nós sempre supúnhamos esgotado, iniciando com o famoso "por outro lado". O outro lado era sempre desimportante, mas ele fazia questão de lembrar que sempre existia uma tal face, embora a verdade estivesse na primeira afirmativa, jamais na segunda, a reversa. Decididamente, meu pai era uma pessoa difícil. Eu o adorava e o temia. Meu pai, que comia coisas tão estranhas como rãs e miolos de boi. Quanto tempo sem entender. Só depois de adulta fui aprender a sedução duma salada de cebolas e o sabor das laranjas-de-umbigo. Meu pai me ensinou várias coisas mais, inclusive a intuir as que eu não conhecia. A intuição, ensinava, é a primeira forma de conhecimento. Hoje bendigo e amaldiçôo o ensinamento. Às vezes é bom não saber, pai, e eu nunca mais consegui viver sem saber.

Quando todos estavam prontos, chamei o elevador. O pai já tinha dado o nó na gravata e se certificado, diante do grande espelho do *hall* de entrada, de que a fenda traseira do paletó não estava abrindo. Invariavelmente ele fazia a pergunta para minha mãe e para mim. Nessa ordem exata. Tentei apressá-lo, que ele fosse mais rápido. Era o primeiro dia de aula, será que não entendia? Sabia que os amigos estariam por lá, todos eles, e ainda faltava colocar a conversa em dia antes que a diretora desse as boas-vindas e nos encaminhasse, cerimoniosamente, para nossas salas de aula. Agora, iríamos para o terceiro andar, o último e definitivo andar daquele prédio onde percorrêramos toda a nossa vida até aqui.

Sentei no fundo da sala, estrategicamente ao lado da janela. Dali, podia ver o movimento da rua. Recém me atracara num cigarro que havia roubado de meu pai, quando ela entrou. Deteve-se a uns dois passos da porta: a maioria das carteiras estava ocupada. Não sabia quem era a tal menina. Era cara que eu não conhecia.

Nós todos nos conhecíamos, nossa infância havia sido a mesma, havíamos passado juntos todo o primário e o ginásio. Inclusive, e fundamentalmente, crescemos nas barrigas de nossas mães quase que todos ao mesmo tempo e fomos vizinhos, muitos de nós, ainda no berçário. Freqüentávamos os mesmos bares, os mesmos bailes, as casas uns dos outros. Nós ainda não sabíamos, ou, para usar as palavras de Aninha, ainda não nos havíamos dado conta de quem éramos. Só muito mais tarde, quando saímos do colégio para enfrentar a faculdade, casar, ter filhos, essa coisa toda, nos demos conta de quem éramos. Não que fôssemos grande coisa: o que nos fazia diferentes do resto da humanidade era a constante lembrança de quem havíamos sido. Alguns dos nossos pais tinham marcas visíveis do tempo da guerra. Contudo, o que nos movia era uma espécie de imensa cicatriz na alma, marcada nas lembranças, martelando, alertando que viver era perigoso. Para nós, tão tenros de existência, a vida prática era muitíssimo fácil. Por isso, por vivermos tempos de paz e de prosperidade, era difícil entender o que havia acontecido antes de nós. Tudo estava pronto e era bom. Tínhamos famílias, carros, casas, escolas e a promessa de um lindo futuro. Não havia sinal externo de que a vida era perigosa, só o testemunho encharcado de dor e carregado de sotaque dos parentes mais velhos, aqueles que adoravam beliscar nossas bochechas numa tortura que pareciam apreciar muito e que nós detestávamos na razão direta. Mas, com o imprevisto da nova colega, as coisas começavam a ficar perigosas. A mocinha estava entre nós e, quem garantia?, talvez ela fosse o perigo.

Acomodou-se numa carteira perto da porta. O professor entrou e iniciou a chamada. O nome dela veio em seguida, era um dos únicos nomes que pareciam ter letras na medida certa. Os outros, os nossos nomes, na hora da chamada, pareciam uma sucessão interminável de consoantes, o que acabava por fazer com que o professor tropeçasse na própria língua, exigindo exasperadas reparações para bem do repouso eterno de nossos ancestrais. Não, ela não era uma das nossas, o nome não conferia, não estava em nossos arquivos de memória coletiva. Se não era um dos nossos, o que fazia ali? A colega do meu lado, espanto na cara, me veio com esta:

— Será que ela vai assistir às aulas de Cultura Judaica?

E eu lá sabia?

Aninha e suas idéias. Já fazia uns bons dois meses que a vida seguia seu rumo normal, sem que nenhum perigo se houvesse manifestado. Ana tinha o dom do camaleão e, sem esforço, havia se tornado uma de nós. Talvez nós também nos houvéssemos apropriado de alguma coisa de Aninha, tentando ser parecidos com ela.

Era uma das raras meninas que não tinham hora para voltar para casa e conhecia todas as rotas de todos os ônibus da cidade. Além disso, tinha um senso de humor que, pensando melhor, era absolutamente precoce para a idade. Mais tarde viria a conhecer a capacidade que minha amiga tinha de fazer tragédia de coisas pequenas. Mas isso seria uma outra história, mesmo porque entre nós nunca houve coisas pequenas. Aninha cozinhava, a mãe de Aninha cozinhava e, mais alarmante, o pai de Aninha cozinhava. Nas reuniões na casa de Aninha, seu pai assomava com canecos de chocolate quente e biscoitos. A mãe dela nos seduzia com papos-de-anjo. E Aninha nos esperava com fornadas de merengues. Para nosso entendimento, era excepcional que todos na casa se dessem bem com as coisas do fogão. Entre nós, ainda que hoje beiremos os quarenta, há quem não saiba fritar um ovo. Para dizer a verdade, não vou dizer a verdade porque não saber fritar um ovo ainda é sinal de vergonha. O fato é que hoje só como ovos mexidos. Mas, falava de Aninha e das formas de afeto culinário que encontrávamos na casa da rua Auxiliadora. Nunca havíamos comido e estudado tanto. Meu pai tinha uma certa reserva com relação àquela nascente amizade. Além do fato de não serem dos nossos, corria o boato de que os pais de Aninha estariam ligados a grupos políticos clandestinos. Mas o que nós sabíamos de grupos políticos clandestinos? O pai dela era engenheiro, a mãe, professora de matemática. Nada nos parecia ameaçador. Meu pai falava da revolução que eu não pude presenciar porque ainda era pequena, o professor de História falava em golpe de Estado que nós não presenciamos porque éramos muito pequenos, todos falavam no regime de exceção em que vivíamos. Na televisão, alguém anunciava que nunca havíamos sido tão felizes. Parecia ser verdade, ao menos até onde eu percebia. Havia coisas erradas com o país, dizia meu pai, completando que, por outro lado, éramos testemunhas do maior milagre econômico já presenciado na história brasileira. Eu sabia que meu pai não apreciava muito os militares mas, por outro lado, eu também sabia que, para ele, as fardas eram um mal necessário. Neste caso, ambos os fatos tinham o mesmo valor e importância e passaram a valer para mim com o mesmo peso. Acreditava nisso, até que, na casa de Aninha, comecei a ouvir outras versões dessa mesma história. Mantinha conveniente distância daqueles relatos, conforme instruções paternas. Passei a desconfiar que havia algumas entrelinhas do mundo às quais não tínhamos acesso quando, numa tarde, o professor de física entrou na aula e anunciou que um jornalista havia sido encontrado morto na prisão. As autoridades que cuidavam do caso falaram em suicídio. Eu sabia quem era o jornalista, justamente um dos poucos que meu pai não acusava de boçalidade durante as resenhas matutinas dos jornais. Além de não ser um boçal, era um dos nossos. E, por ser um dos nossos, não entendemos por que não foi enterrado no lugar destinado aos suicidas. A lógica, fosse um suicida, era que ele deveria amargar os sete palmos de terra que lhe cabiam no indigno isolamento do terreno junto ao muro do cemitério, agregado aos demais seres que, contrariando tudo em que acreditávamos, haviam decidido por colocar termo à própria vida. Nossa regra sempre havia sido esta: Deus dá, somente Deus tira. Em pouco tempo, todo o bairro comentava o caso. Até meu pai se revoltava, onde é que se tinha visto uma barbárie daquelas? Aninha sentenciou, com a autoridade de quem está ao corrente de tudo, que preso político não se matava, preso político era *morrido*. Dali por diante, uma avalanche de novidades se precipitou. Passei a conhecer gente e mais gente com marcas de tortura recentes. Os relatos que escutava estavam à altura da barbárie — termo tão justamente empregado por meu pai. Para nós, até aquele momento de nossas vidas, a tortura era aquilo a que nos submetiam os parentes mais velhos, com os apertados beliscões nas nossas bochechas, ou, em uma versão mais assustadora, tortura era aquilo pelo qual nossas famílias haviam passado. Coisa de guerra. Agora, mais gente, e esses não eram dos nossos, estava sendo torturada. Aprendíamos que os militares eram, na verdade, um mal não tão necessário assim e que havia um clima de guerra velado. O grupo de estudantes na casa de Aninha foi aumentando, notavelmente depois que o professor de Física foi dado como desaparecido. À saída das aulas, todos vimos aquele bando de homens vestidos com ternos escuros que o esperava. Ele entrou num carro também escuro e nunca mais voltou. Contamos o que vimos para todo mundo, da direção da escola à polícia. Tentamos de tudo para localizá-lo, chegamos a mobilizar toda a comunidade do bairro, e nada. Aconteceu debaixo de nossos narizes e não sabíamos que ele estava indo para não voltar. Aninha andava indócil. Todos andávamos.

Numa daquelas manhãs, chegando ao colégio, encontrei os muros pichados em tinta vermelha, a mesma frase insistindo para ser lida: "Aconteceu debaixo dos nossos narizes. Vamos esperar que aconteça de novo?" Eu sabia quem havia sido o autor. Ou melhor, a autora. Estranhamente, a direção levou quase um mês para providenciar a limpeza dos muros.

Pela metade do ano, decidimos editar um jornal, usando o mimeógrafo da escola como gráfica e a sala do Grêmio Estudantil como sede. A diretora concordou com a empreitada. Eu era uma das redatoras. Aninha, minha companheira de escrita e de estudos. Meu pai se desesperava com minhas idas e vindas. Me ameaçava dizendo que eu sequer ousasse sonhar em querer seguir a carreira de jornalista; se eu quisesse escrever por brincadeira, estava muito bem, mas que nunca, em hipótese alguma, eu mencionasse aquele assunto de gente torturada e desaparecida. Coisa de comunista, alertava. Assim, com tantas recomendações, tomava extremo cuidado com o que ia para o papel. Não estranhei quando fez questão de ler todos os artigos. Ao contrário do que esperava, meu pai não desempenhava papel de censor. Pelo contrário, a preocupação dele parecia se limitar a erros de estilo. Mesmo uma brincadeira de estudantes tinha de ser bem-feita, dizia. Sempre que acabava de fazer o que eu considerava uma revisão de texto, recomendava que tomasse cuidado, que os jornalistas eram todos uns subversivos. Talvez fosse verdade. Hoje, passados muitíssimos anos, os jornalistas são todos subempregados.

Mas naquela época essa era a minha rotina. Escrever para o jornal, estudar desvairada e acompanhar minha amiga. Várias noites, dormia na casa de Aninha e ela, em retribuição, dormia algumas vezes na minha. Nesses dias, quando vínhamos da escola para casa, minha amiga a tiracolo, meu pai se escondia atrás do jornal, saudando-a com um resmungo. Meu pai odiava Aninha, intuí, e isso era igual a ter certeza.

Me lembro à perfeição. O dia havia sido quente, passáramos toda a tarde no centro, eu apanhara Aninha na Aliança Francesa e caminháramos por umas boas horas. Antes de pegarmos o ônibus no Terminal e irmos para a casa da rua Auxiliadora, passamos na construtora, onde interrompi uma nervosa conversa — mais uma vez o pai se engalfinhava com seu irmão, também sócio da empresa. Quando, meio sem jeito, informei que dormiria na casa de Aninha, a reação do pai foi bater de punho fechado na escrivaninha; tio Samuel colou-se à parede e saiu pressurosa e estrategicamente porta afora. Tive de admitir: é, o pai estava certo, eu já não ficava mais em casa, ele não me via de manhã, não me via na hora do almoço, sim, sim ele tinha razão, e se pudesse me dar dinheiro para o ônibus e para um sorvete eu ficaria muito contente. Estalei-lhe um beijo no rosto e ele ficou ali, parado atrás da mesa, vencido com minhas ternuras, achando que a filha estava indo por algum mau caminho. Sim, depois descobri que era um triste caminho. Como sempre, ele tinha razão. Meu pai sempre soube. Fazia alguns meses que eu passava cada vez menos tempo em casa, preferindo a companhia tranqüila de minha amiga. Também havia aprendido a acompanhá-la e me divertia em segui-la, ela com passos de ponta de pé, caminhando como alguém que mal toca o chão. Que coisa era a Aninha! Estar com ela era diferente de estar com qualquer outro ser. Ela me arrastava para tudo, tudinho a que se pudesse assistir pagando um ingresso. Quando as luzes se apagavam, invariavelmente minha amiga pegava minha mão e descansava a cabeça no meu ombro, aconchegada e feliz. Nesses momentos, embora sempre estivéssemos em alguma platéia, eu me sentia no papel principal de minha vida e no de protagonista na vida dela. Aninha e eu nos tornáramos a melhor amiga uma da outra, e esta certeza me vinha como uma quentura boa cada vez que a sentia perto de mim. Combinamos que, se nos julgassem subversivas por causa do jornal e se prendessem uma de nós, a que ficasse em liberdade teria de mobilizar todo o colégio. Não sei por que motivo, mas sempre que falávamos disso, eu imaginava minha amiga num cavalo branco, vindo para me salvar. E nós ríamos até que a barriga nos doesse. Nós sempre rindo.

O tempo passava e Aninha inventava modas: tricotava, fazia crochê, bordava. Vaidosa, ela assaltava o guarda-roupa e trazia vestidos, colares, uma profusão de cores que, para mim, ao menos até então, era proibida. Aninha não era alta, era um pouco mais baixa do que eu. Tinha a pele muito clara, os cabelos quase loiros, sempre voando, seguindo o corpo de formas arredondadas, os ombros pequenos, os braços roliços, os dedos frágeis, unhas miúdas e transparentes. E seios imensamente fartos. Gostava de me aninhar ali, a cabeça apertada contra os peitos, os braços dela amparando a minha cabeça, meu rosto roçando a maciez de seu imenso colo, enquanto ela falava alguma coisa sobre Deus ou sobre o diabo, não me importava muito. Nessas horas, eu ficava bem dentro de mim. Nessas horas, eu sabia que era querida.

Estávamos nesta exata posição quando o pai dela abriu a porta. O coração de minha amiga se apressou. Ela deixou minha cabeça cair sobre suas pernas, afastou o tronco de meu rosto, os seios fartos indo embora. Percebi que se assustara, que a presença do pai a intimidara, que se desvencilhara de mim como algo que a incomodava. Fiquei um pouco desnorteada. Na dúvida, deveria demonstrar segurança. Sentei-me, respondendo que sim, com prazer aceitava o suco de laranja que ele nos vinha oferecer. Quando a porta novamente se fechou, não pude voltar a me aninhar. Não compreendia o que se passara, mas, decididamente, Aninha havia se constrangido com a súbita visita.

Por quê?

Por que Aninha ficou constrangida, por que, a partir daquele dia, ela tinha de me roubar a paz, como se repetíssemos a cena do pecado original? Por que eu deveria começar a saber o que eu não queria? Por que nós, as duas, tínhamos de saber o que nos estava acontecendo? Por que estava nos acontecendo alguma coisa?

O suco de laranja que o pai dela serviu estava ácido. Depois da janta, chamei minha amiga para o quarto. Precisávamos conversar. Ela disse que já sabia o que eu tinha a dizer. Que eu não dissesse nada. Tínhamos trabalho a fazer. No dia seguinte, nos esperavam dois períodos da aula de História e uma pesquisa sobre a Primeira Grande Guerra. Pois bem. Nossas vidas ficariam suspensas até o dia seguinte em benefício da Primeira Grande Guerra. Mergulhada na montanha de livros, olhava minha amiga e tentava não pensar. Sabia que estávamos travando, nós, nossa guerra particular e íntima, muito íntima. Lembrei do meu pai. O pai de Aninha também pensaria alguma coisa pouco edificante a meu respeito? Nunca soube.

Nos saímos bem na apresentação do trabalho de História, muito embora mostrássemos sinais evidentes de que a noite não fora bem dormida. Penosa noite: passei angustiada, compreendendo que alguma coisa importante estava acontecendo e eu não sabia do que se tratava. Ouvia Aninha, que também se movimentava na cama ao lado. Ainda assim, não falamos nada. Estávamos as duas inundadas de uma novidade assustadora. No meu peito, tudo se apertava, e era uma guerra de trincheiras o que eu gerava na sensação de angústia — essa angústia que, de uma forma ou de outra, nunca me deixou. Eu sabia que Aninha se dera conta. Evidente e óbvio. Cheguei a pensar que ela havia se dado conta muito antes do que eu. Na hora do almoço, fui para casa. Não comi direito, sentindo o olhar de reprovação de meu pai. Ele não entendia a minha repentina inapetência, e eu não podia dizer nada, muito embora tivesse vontade de lhe perguntar o que era tudo aquilo. Meu pai sabia, minha mãe sabia. Os pais sabem, existe entre eles uma rede universal de intercâmbio. Ainda hoje tenho esta certeza, a de que além de aprenderem por pressentimento, telepatia ou simples intuição, os pais todos se comunicam entre si, trocando informações secretíssimas. O fato de saber que me acontecia alguma coisa secreta me assustava ainda mais, levando à conclusão de que aquilo que eu suspeitava não era simples suspeita. Era fato consumado. Coquetel Molotov, o agente laranja, pó-da-china.

Foi com a idéia de fato consumado que subi as escadas para assistir às aulas da tarde. Cheguei com a melhor cara que pude. Era terça-feira e eu tinha de terminar o jornalzinho. Aninha ficaria comigo, me avisou timidamente tão logo me viu subindo a escadaria de acesso à escola. Quando o sinal que encerrava as atividades do dia soou, fomos as duas para a sala do Grêmio. Sem conseguir articular nenhuma frase razoável, coloquei-me na máquina de escrever. Lembrei de minha máscara: deveria ser superior. Não conseguia olhar minha amiga, não tinha coragem. Apesar de acovardada, a ansiedade foi maior e fui eu quem começou o assunto:

— Aninha, o que está acontecendo? Existe alguma coisa errada com a gente?

— Ou talvez muito certa, quem sabe? Você ainda não se deu conta?

Eu odiava aquelas respostas-perguntas que ela pronunciava com ar superior. Me dar conta do quê? O que ela sabia e que não me revelava? Qual era o grande mistério que a mente superior dela já havia desvendado? Dei a volta com o corpo, disposta a artilharia pesada. Ela estava parada perto da porta, a cabeça baixa. Vencida. Me olhou na alma, um olhar de dor, um olhar de trégua, e foi então que eu ouvi:

— Clara, eu te adoro. Não posso resistir.

Compreendi. Napalm no meu coração. Sem nem mesmo pensar, devolvi:

— Eu também.

Ela aproveitou o segundo de susto que tomei com minha afirmativa e covardemente disparou:

— E agora, o que é que a gente vai fazer?

Fechou a porta atrás dela, chaveando-a a seguir. Sentei-me na beira da cama. Não havia nem bem meia hora havíamos estado no jogo de perguntas na sala do Grêmio do colégio. Inacreditavelmente, foi ela quem deu fim ao dilema. Como eu não respondesse o que ela queria ouvir, pegou os livros e saiu, dizendo que ia pensar no assunto. Puro teatro. Não cheguei sequer a me sentir sozinha na sala e logo a porta se abria novamente. Aninha voltara. Como se fosse uma atriz que tem o dom de ir ao camarim e mudar de roupa e de expressão, como se fosse capaz de incorporar um outro personagem, agora ela transmutara a dor do rosto em um ar divertido:

— Você vai fazer que nem o cachorro que late até a morte e que quando o carro pára não sabe o que fazer?

Não, não colocaria o rabo no meio das pernas, não desistiria dela. Eu tinha de saber, eu tinha de experimentar. Por isso, quando ela me puxou pela mão, sugerindo que a acompanhasse, cedi. Até hoje não me lembro como chaveei a porta da sala do Grêmio. Pegamos o ônibus com destino à casa da rua Auxiliadora.

Fomos e lá estávamos. Aninha se sentou a meu lado na cama de solteiro. Pegou minhas duas mãos com uma doçura que era dela, que sempre fora dela. Me olhou comprido, me olhou verde. Com a ponta do dedo indicador, desenhou o contorno do meu rosto, espalmando ali a mão. Senti o leve contato, percebi que tentava me trazer para perto dela. Minha amiga se aproximava e — me beijaria. Não ofereci qualquer resistência. Por que resistiria? Fechei os olhos e senti seu cheiro, o cheiro abençoado que jamais havia sentido assim tão perto. Me deliciei com a respiração, o hálito muito próximo do meu rosto. Mas algo me aconteceu, me passou pela cabeça que não sabia como prosseguir.

Como é que eu iria beijar Aninha?

Mero detalhe técnico. Até ali eu só beijara uma criatura em toda a minha vida. Aliás, havia sido um rapaz que eu nem conhecia. Foi numa festa de debutantes. Ele veio até minha mesa, me convidou para dançar e me levou para o terraço. Dissimulado, passou a mão nos meus seios e eu deixei. Sabia que ele iria me beijar, como, de fato, beijou. Eu retribuí, tentando aprender como é que era aquilo. Quando senti o volume do interesse do rapaz, me afastei. Lembrei que os meninos diziam que, quando a cabeça de baixo levanta, a de cima não pensa. Me dei conta de que era pior ainda, que quando as calcinhas das meninas ficam molhadas, nenhuma das três cabeças tem juízo. Antes do colapso da última sinapse do último neurônio, pedi licença e corri para a segurança da minha mesa. Mas, isso, a história do meu primeiro beijo, não tinha importância. O mundo ralentava suave no breve momento que precedeu aquele beijo, o beijo de Aninha. O pensamento de que beijaria alguém com verdade me preencheu. Ela era o meu primeiro amor. Eu intuía. Eu queria. Sempre com os olhos fechados, entreabri a boca no aguardo do encontro e senti que me excitava, que me excitaria ainda mais e fui feliz. Aquele primeiro beijo foi minúsculo, só os lábios se tocaram. Não queria abrir os olhos, mas, por nada, nada mesmo, perderia a cara de minha amiga naquela hora. Olhei Aninha que, com pálpebras levemente cerradas, inspirava todo o ar do quarto. Parecia que uma nuvem de prazer lhe entrava pelas narinas e tomava conta dela inteira. Beijei Aninha com vontade, com desejo. Beijei com amor. Eu a abracei e a trouxe para mim, querendo a saliva dela, querendo cada poro. Queria — como queria — ela inteira, a alma dela se pudesse. Percorri os caminhos do rosto e do pescoço com a boca, sorvendo, comendo-lhe a pele. Num instante já estávamos bêbadas as duas, as mãos passeando pelos corpos, atrapalhadas com tantas e tantas roupas. Nunca havia imaginado que a sua pele pudesse ser tão macia. Ela era uma fruta. Minha amiga se afastou de mim, sentando-se sobre os tornozelos, rindo ainda da minha comparação. Livrou-se da blusa e do sutiã, e os peitos saltaram brancos e imensos. Os seios de Aninha, redondos, perfeitos, me esperavam. Repeti a ação, livrei-me de minhas roupas. O êxtase da novidade nos paralisou por um instante, nós, as duas, nos admirando na nudez. Nos abraçamos, experimentando o prazer de nos tocarmos com nossas peles. Eu nunca estivera numa cama com alguém, e tinha perfeita consciência de que aquela seria, para sempre, minha primeira vez. Tiramos as calças de brim, despindo-nos mutuamente. As pernas de Aninha, roliças, o sexo de Aninha, escuro. Estirou-se a meu lado, colando o corpo no meu, me abraçando com todos os braços e as pernas do mundo, e o que eu percebia era o algodão de que ela parecia ser feita, assim branca, assim leve. O contato me deliciava e aquele era o toque de todos os anjos. Não sabia o que viria a seguir; tudo o que queria era aproveitar aquela confusão de candura e desespero. Aninha, lábios úmidos, me acariciou os seios com uma ternura de pássaro. Estremeci, descobrindo arrepios de prazer. Repeti o carinho, comovida, amando aqueles seios com devoção. Abracei-a, descansando um instante no busto de leite morno. Deitou-se sobre mim, enlaçou minha perna direita com as dela e eu percebi, molhada e quente, a excitação que eu também sentia. Enroscada em mim, me apertando como uma tenaz de força desconhecida, começou um movimento de vaivém, roçando com quase ferocidade o sexo contra minha coxa, e eu entendi que era assim que duas mulheres faziam. Aninha se masturbava em minha perna, a respiração muitíssimo alterada, me levando junto com ela. Eu me senti paralisada, o mundo paralisado, e só o que se movia era ela. Percebi que eu podia fazer o mesmo, que uma das suas pernas estava entre as minhas. Repeti o movimento sincopado e, vez que outra, recebia na boca beijos que eram, imaginava, os vínculos com a divindade. O bafo da vida me vinha pelo hálito de Aninha. O ar já me faltava e eu senti que ia chegar. Ela sussurrou que eu me acalmasse, que a acompanhasse; dizia-me o que fazer, e me pareceu que o instinto e a intuição dela estavam no grau máximo de acuidade. Minha amiga buscava saciar-se e encontrava calma. Eu, mais impaciente, queria o gozo que estava ali, bem perto, acumulado no meu ventre, quase doendo na minha barriga. Ela me pedia que não, que eu me lembrasse que não estava só, que estávamos finalmente juntas e que não era preciso ter pressa. Eu a ouvia e entendia que a pressa serve aos solitários, aos que agonizam, avulsos, sem o eco do prazer. Acho que foi ela que me disse isso. Nunca entendi como Ana conseguia falar numa hora daquelas, mas ela me dizia que sempre quisera estar assim e que sempre pensara que tínhamos de nos excitar juntas. O fato de ela estar comigo não significava apenas que eu não estava só, significava que eu sempre quisera estar assim com ela. Também aprendi que o grande segredo era ter prazer em proporcionar prazer. O prazer passou a ser uma dádiva de vida. Eu a amava, eu lhe disse isto, e Aninha me silenciou com um novo beijo, enquanto seguia o movimento ritmado. Me olhou, apoiada nas palmas das mãos, e pediu que eu me desse conta de que, naquela hora, éramos duas mulheres se amando e que nunca duas pessoas poderiam ser tão iguais. Não sei de onde ela tirava essa qualidade de idéias, mas me servia ouvi-la, e ouvi-la me excitava ainda mais. Ela me fazia feliz. Balbuciou que me amava. Quando ouvi isso, estremeci. Apertei-a o que pude contra mim, o pulmão se encheu e não voltou a se esvaziar, o retesamento de todos os músculos me pareceu extraordinário. Aquele era o limite a que um ser humano poderia chegar. Por um instante, senti que estava longe de mim, e me vi a mim me contorcendo em espasmos de puro prazer, meu ventre se esvaziando em ondas. Traí Aninha, não pude me conter, fui antes dela. Fechou os olhos, mordeu os lábios numa expressão de sofrimento, muito embora eu soubesse que não era dor o que ela sentia.

Depois eu soube que também havia dor, que a alma teima em escapar porque não quer mais caber no corpo, como numa reza. Ela se contorcia, os seios no meu rosto, o ritmo acelerado do movimento. Aninha gozou no meio de um beijo.

Com diferença de poucos instantes, nossas almas foram embora e retornaram aos nossos corpos.

O tempo continuou apressado. Embora encantadas com o que nos parecia uma novidade constante, nossas dúvidas permaneceram. Não sabíamos o que fazer conosco, como lidar com a marcha de amor e de desejo. Havíamos decidido alimentar a primeira paixão de nossas vidas e evitávamos explicações porque havíamos aprendido que as explicações nos levavam para algo do qual tínhamos medo. Duas meninas lésbicas, era sempre o que concluíamos quando tentávamos descobrir o que nos acontecia; era isso a que estávamos reduzidas e nós não cabíamos em tão maldita redução. Mas, mesmo que assim fosse, mesmo que tudo parecesse um grande perigo sobre o qual não tínhamos controle, algo maior nos atava e nos prendia. Passávamos as tardes sozinhas, aproveitando a ausência de nossas famílias, andando nuas pela casa. Íamos descobrindo formas diferentes de nos amar, sem nenhum pudor, absolutamente divertidas e enternecidas uma com a outra. Agora, quando as luzes na platéia se apagavam, eu pegava a mão dela e a beijava devagar. Mais de uma vez, saímos apressadas para nos fazer amor. Ríamos, ríamos de nós, ríamos do mundo. Aprendêramos o valor de rir de todas as coisas, mesmo das mais sérias. Quando fazíamos troça das desgraças, tudo parecia sob controle. O riso e o cheiro de Aninha se tornaram familiares e imprescindíveis. O cheiro de seu corpo me inundava por dias inteiros. Era um cheiro áspero, acre, mas era dela e era o que me importava. Com Ana iniciei minha vida e bem posso dizer que, comigo, iniciou a dela. Não nos perturbavam os comentários dos colegas. Sim, nós havíamos sumido do mundo, todos viam, todos falavam. Meu pai se tornara agressivo. Dizia que eu andava em más companhias. Ele não sabia de nada, ninguém lhe dissera nada e nem mesmo presenciara a cena que o pai de Aninha havia presenciado e que detonara o processo, aquele, o de dar-se-conta. Meu pai intuía e isso, lição antiga, era uma forma de saber. Aprendi que era o suficiente para meu pai. Aprendi que ele nunca acharia engraçadas minhas ironias. Aprendi que meu pai sabia que a filha dele estava apaixonada por outra mulher. Decidi que meu pai teria de conviver com a idéia e sabia, mais do que tudo, que ele jamais iria perguntar coisa alguma. Ele não perguntava o que já sabia e também sabia que duas meninas não suportariam uma situação clandestina por muito tempo.

Não suportamos, pai.

No final do ano, Aninha foi passar as férias na fazenda de um tio. Meu pai nos levou para a praia. Durante um mês ficamos incomunicáveis, sofrendo uma dor que era demasiada para almas tão jovens. Mesmo que tivéssemos o dobro da idade, não suportaríamos. Hoje eu sei. Minha diversão era dirigir o carro da mãe, lá numa prainha deserta, onde o pai permitia que eu treinasse as manobras que aprendera desde que tinha doze anos.

Quando voltamos da praia, telefonei para a casa de Aninha. Ela atendeu ansiosa, me esperava já havia três dias. Eu tinha de ir vê-la, custasse quanto custasse. Não sei como consegui. Quando todos na casa dormiram, saí do quarto pé ante pé. Na sala, peguei as chaves da bolsa de minha mãe. O coração disparava em trancos. Iria desrespeitar a solene norma paterna: mesmo que eu dirigisse muito bem — e havia certo orgulho no tom de reconhecimento —, só poderia andar de carro na cidade depois dos dezoito anos.

Dali a dois anos. Tempo demais.

Desci até a garagem. Sorrateira feito uma ladra, eu reprisei o que já havia feito algumas vezes na irresponsabilidade dos caprichos: girei a chave na ignição, o motor pôs-se em macio alerta. Marcha à ré, primeira, segunda, controle remoto, o portão rangendo para me apavorar.

A liberdade.

A aventura de roubar um automóvel nem mais era tão grande aventura. Eu ia ver Aninha e era isso o que endoidecia meu coração.

Ao dobrar, ganhando a rua Auxiliadora, eu a vi debruçada na janela. Linda, a camisola bordô. Me esperava, temia que os pais ou os irmãos acordassem. Voou porta afora, sem nem tocar o chão de pedra, era hábito. Me abraçou desesperada e a camisola parecia mudar de cor, parecia ser vermelha de sangue e de agonia. Naquela noite, socadas dentro do carro de minha mãe, juramos que não nos separaríamos nunca mais. Nunca mais, no entanto, nunca se diz porque é muito tempo.

Quando as aulas reiniciaram, ficamos sabendo que nossas turmas não seriam as mesmas. Não estaria na mesma sala de aula de Aninha e todos os nossos esforços para que estivéssemos juntas foram inúteis. A diretora foi inflexível: meu pai dera a ordem, alegando que meu rendimento já não era o mesmo e que, se eu quisesse ser responsável pelo jornal, esse era o preço. Naquele dia, entrei em casa batendo todas as portas, com ganas de destruir os móveis, com disposição de enfrentar meu pai. Mas, quando entrei na sala, a voz sumiu, a minha bravata murchou. Não cheguei sequer a perguntar por que ele fizera aquilo sem me consultar, sem me avisar. O feijão do almoço tinha sal demais. Odiei meu pai e odiei com culpa. Por que todos os ódios sempre trazem a culpa? Meu pai havia me separado de Aninha, não teria mais o encanto dos olhares furtivos, não mais a diversão do roçar de pés debaixo das carteiras. Sal na ferida. Talvez ele tivesse razão. Colégio era lugar de estudos. Nos recreios, saíamos a nos procurar dentro do desespero. Até que um dia, no pátio da escola, escutamos em alto e bom som:

— Qual de vocês é o homem?

Era Beatriz Levi, a autora da maldade. Beatriz Levi, a burra, a tansa, a pobre coitada ocluda que, eu acreditava, nunca ia ser nada na vida. Aproximei-me da menina: como assim, o que ela queria dizer com aquilo? Nenhuma de nós era homem, nenhuma de nós, ela estava escutando direito? Nenhuma de nós. Repetia e repetia dentro de mim a sentença. Ela riu e me enfrentou com os olhos perdidos atrás das lentes. Eu conhecia muito bem a retrasadinha, conhecia todos, todos me conheciam. Até aqui, havíamos cultivado a dúvida, havíamos alimentado todas as contradições. Na dúvida, a favor do réu, não era assim que deveria ser? E, apesar disso, parecia que ninguém mais tinha dúvida. Se havia alguma, aquela menina a dissolvera no tempo minúsculo da pergunta. Beatriz perdeu de manter-se num silêncio que poderia tê-la enobrecido — a mesma tagarelice incontida que, anos mais tarde, eu voltaria a enfrentar. Mas ali estávamos nós, nenhuma de nós era homem, aquilo ecoando dentro de mim com estrondo, vontade de furar os olhos da feiosa com as unhas, o primeiro irremediável sentimento de ódio que conheci. Contudo, apesar ou por causa de minha ira, não segui com o assunto. Apertei a mão de Aninha dentro da minha, conduzindo-a pelo corredor. Tínhamos de sair dali. Minha amiga parou, me puxando pelo braço:

— Clara, nós vamos nos esconder?

Uma nova fase se instalara. Tínhamos sido delatadas. Os colegas, percebendo o que não podíamos esconder, começaram a falar. A falar, a observar e a rir. Por que riam de nós? Nós é que ríamos do mundo, o riso era prerrogativa nossa, minha e de Aninha. Com que direito eles se apropriavam de nosso instrumento de domar o mundo? Por que eles queriam nos domar? O que nós havíamos feito? Nós não éramos donas de nossas vidas, íamos aprendendo ou, vá lá, íamos nos dando conta. Mesmo que quiséssemos, era impossível não nos doermos com a maldade dos colegas. Os amigos mais chegados, aqueles que sempre nos tinham acompanhado, tentaram ajudar. Em vão. Dedos apontados para nós, nós que queríamos estar em paz. Nós não queríamos nos esconder, isso nunca. Tentamos o ato heróico de fazer de conta que aquilo não nos afetaria. Mas atos de heroísmo são sem sentido; são vazios e tolos. Atos de heroísmo eram paliativos e era preciso muito mais. Era necessário que as duas fôssemos heroínas em tempo integral para nos salvar do massacre. O que duas adolescentes sabiam de enfrentar o mundo? O que havíamos enfrentado até então? Comecei a sentir medo e não sabia bem do quê. Medo dos outros? Talvez. Aninha, que até este momento de sua vida forjava ela mesma seus próprios medos, também passou a temer. Não podíamos estar atadas ao medo, era o que eu pensava na época e é o que penso até hoje. O medo limita e destrói. Quando nos demos conta, não éramos mais livres. Aninha pertencia a uma cepa de gente que não podia viver daquele jeito. E agora ela não podia sequer me abraçar sem antes investigar se alguém estava nos espionando.

A cada dia, meu suplício aumentava. Olhava meu pai atrás dos jornais. Por quê, pai? Por que éramos a exceção? Por que eu era duplamente a exceção? Não era isso a desgraça, meu pai? Lésbica. Me olhava no espelho e não enxergava a lésbica ali. Eu queria Aninha, eu não queria nenhuma outra mulher, me desesperava. Mil vezes pensei que teria preferido que os homens de ternos escuros tivessem vindo para me dar sumiço. Ao menos para isso haveria solução, Aninha me libertaria se houvesse sido assim: viria naquele cavalo branco e me salvaria das mãos dos algozes e viveríamos felizes para sempre. Mas não havia homens de ternos escuros, não havia prisão, não havia cavalos brancos, não havia nada, e eu me sentia cada vez mais impotente por não poder escolher meu sofrimento. Muitas vezes meu pai me flagrou chorando. Eu sabia que rumo tudo iria tomar e que estava próxima de perder Aninha. Havia perdido minha paz. Talvez meu pai entendesse. Ao menos, me passava a mão pelos cabelos e não me perguntava nada. Sempre repetia a mesma ladainha, sempre me dizia que eu guardasse minhas lágrimas para momentos piores. Que momentos piores? O que meu pai me tentava dizer? O que era pior do que ver minha primeira paixão fazendo água?

Um dia, depois das aulas, nos refugiamos na sala do Grêmio do colégio. Assustadas, procuramos nos amparar em um longo abraço. Não poderia mais ser. Nos manteríamos afastadas até, pelo menos, começarmos a faculdade. Ela já não resistia. Eu, muito menos. Foi uma das únicas vezes em que vi Aninha vencida. Me beijou desesperada e disse que me amava, as palavras da devoção. Eu repeti a sentença e explodi em choro, choro de fracasso, choro de tristeza. Era este o momento pior a que se referia meu pai, deveria ser justo este, o momento de perder a quem se adora, a quem se quer com a sinceridade da alma e com o desejo do corpo. Para nós, não havia consolo. Naquele momento, me dei conta de que o amor não pode viver escondido, que o amor demanda reverência coletiva.

Voltei para o convívio de minha família, respondendo a meu pai se a fenda do paletó abria ou não, esperando as resenhas matutinas, esperando as respostas.

Continuei acordando cedo, agora mais contrariada do que nunca. Odiava o mundo e pensava que o mundo me odiava — ainda mais que era obrigada a conviver com a tal menina, Beatriz Levi, em minha sala de aula. Abandonei o jornalzinho. Via Aninha de longe, cada vez mais linda, cada vez mais fruta. No início, eu a comia com os olhos, mas, como a juventude tem o dom de iludir, a dor foi se transformando em melancolia e, seguidamente, ao longo dos anos, a melancolia em angústia. O professor de Física nunca mais foi encontrado, ninguém soube explicar, em tempo algum, o que acontecera. Ao contrário do que sempre temêramos, os pais de Aninha nunca foram presos.

Estudei e estudei. Aninha longe de mim e eu longe do que mais quis em toda a minha vida. Da última vez que me contaram dela, soube que pretendia estudar na França. Ela estava fugindo, eu tinha certeza, podia jurar. Aninha falando francês, o biquinho gracioso.

Uma fruta.

A viagem

Em hebraico, um cemitério é chamado bet kewarot *— a casa ou o lugar dos túmulos; porém mais comumente* bet ha-Chajim *— a casa ou jardim da vida; ou* bet olam *— a casa da eternidade. Em outras palavras: nomes cujos sentidos expressam a crença na transcendência da vida.*

A claridade primeiro estourava na superfície metálica para, depois, bater em cheio no corredor estreito, vestindo de resplendor a forração azul. Ali, onde eu estava, ao lado exato da janela, os fulgores demasiados incomodavam, repisando as pálpebras que eu sentia já muito ardidas. O barulho teimoso dos motores afastava-se de tempos em tempos, retornando ainda mais vigoroso e toldado, ainda mais feérico e opaco, persistindo numa existência tão irreal quanto inevitável.

Consultei o relógio, meio-dia, e, apoiando o cotovelo sobre o braço da poltrona, sustentei a testa com a polpa dos dedos. A têmpora pareceu expandir-se, como se um acúmulo de sangue forçasse o próprio limite da pele; contive o espasmo a custo, com pequenos movimentos circulares do polegar. Colhi tanto ar quanto me foi possível, tentando espantar as moções claustrofóbicas. Fiz ceder o encosto da poltrona. O ambiente estava gelado.

E eu temi, muito e instintivamente, que, no compartimento de bagagens do avião, também fizesse frio.

Qualquer ato estranho ao respeito com os mortos é proibido num cemitério, estando banidas de seu terreno e instalações quaisquer atividades em desacordo com este preceito. A lei judaica, conforme o Talmude, manda que se garanta aos mortos a eterna inviolabilidade de seus túmulos.

Aos poucos, o halo de luz que se compunha na janela foi perdendo o vigor. Numa lenta manobra, o horizonte inclinou-se, mantendo-se em ângulo agudo com relação à asa. Apavorei-me: não estariam, com aquela movimentação, entrechocando-se as malas e caixas no depósito de bagagens? Imaginei os volumes deslizando de lado a outro, batendo-se, lacerando-se; carga frágil demais, inanimada demais, e eu impotente para salvar qualquer coisa. Apesar de minha tormenta, o céu continuava limpo, e só ao longe algumas nuvens formavam filas ondeadas. O rugido das turbinas parecia aumentado e tanto mais assustador e fantástico; vagarosamente, com o retorno ao prumo — outra vez o horizonte se organizava —, os sons voltaram ao nível de tão-somente molestar os sentidos. Aquietei-me, vexada com meus pensamentos extravagantes. A voz do comandante nem bem anunciara o início do serviço de bordo, e já duas aeromoças apontavam carregando bandejas. O senhor à minha esquerda retornou o encosto da poltrona, dobrou o jornal e guardou-o no bolso do assento fronteiro. Ao lado dele, o terceiro viajante, acomodado junto ao corredor, apagou o cigarro e despegou a bandeja de seu encaixe, preparando-se, disposto, para a refeição. Deram-lhes o almoço. O homem da ponta não se deteve; desdobrou o guardanapo de papel, prendeu-o no colarinho da camisa, e de posse dos talheres de plástico dedicou-se ao banquete numa barulhenta sem-cerimônia. Meu vizinho imediato inventariou devagar os pratos, alçando cada elemento com os dedos em pinça: pão, três bolachas-d'água, um mesquinho tablete de manteiga, fatias de frutas encimando fiambres; na tigela de louça, sob a cobertura de alumínio, alguma carne que não pude identificar. Veio um breve mareio, seguido de uma nova pontada na têmpora. Tentei conter a dor, mais uma vez, com a ponta dos dedos. Quando me tocou a vez de ser servida, recusei, polida, o almoço, detendo o movimento da aeromoça com a mão. Tive vontade de perguntar-lhe qual era a temperatura interna, mas logo desisti. Olhei para a fileira de poltronas do outro lado do corredor: meus dois irmãos e minha mãe, como se fossem um só corpo, rejeitavam a refeição no mesmo gesto. Aproveitei-me do instante e observei-os. Os meninos dobravam-se à fadiga, e a mãe, na janela oposta, a última no arranjo de três assentos, tinha grandes óculos a ocultar-lhe parte das feições. Agradeci a visão daquela imagem quase velada: não suportaria ver os olhos assombrosamente maltratados. Todavia, antes que sobreviesse algum alívio, Jankiel e Hersh estenderam-me, em sincronia, o olhar, enchendo de dor o espaço que nos separava. O passageiro junto ao corredor soltou um pequeno arroto, queixando-se de que as bebidas demoravam a ser servidas. Desgostei-me e, com asco, tirei os óculos do bolso do casaco, coloquei-os e fiquei olhando, através das lentes umbrosas, para as minhas próprias mãos.

Não queria que os meninos me vissem transida daquela dor, não queria despertar pena ou pesar. Talvez por isso evitara sentar com os dois, talvez por isso tivesse mentido que preferia ficar sozinha, tocando à mãe a companhia dos filhos homens. Na verdade, desejava, profundamente, estar junto deles, dos meninos, aqueles dos quais eu deveria cuidar. Acorreu-me à lembrança a figura triste de tia Raquel, irmã da mãe, havia pouquinho no aeroporto de Congonhas. Sem ela, o que teria sido de nossa família no episódio da doença de meu pai?

Por muitas e reiteradas vezes o pai demonstrara afeição pela cunhada, afeto bom, sincero, do tipo dos quais resultam risadas na sala de visitas; um afeto desses que não se turvam com as distâncias, que não se perdem com as intrigas; afeto que se estendia aos seres mais próximos, numa bênção compartilhada e serena. Pois, quando o doutor Rosenblatt aconselhou que tentássemos buscar recursos num centro mais bem equipado, tio Samuel escusou-se de nos acompanhar, pretextando que tinha de cuidar dos negócios. Negócios de família, afinal. Recorremos, então, a essa tia que morava em São Paulo; ela, no desvelo inabalável e constante, recebeu-nos, providenciando o internamento e, sobretudo, tentando serenar o desespero da fatalidade. Varava noites e noites, completamente atenta aos ruídos tormentosos, aos frascos de soro, ao vaivém das enfermeiras. Mais do que qualquer outra coisa, ela tornou-se a encarregada dos diálogos, cada vez mais desesperadores, com a legião de médicos que atendia nosso doente. Da primeira vez em que tomei contato com o vocabulário curto e sintético, recheado de imprecisões, desfalcado de nobreza, tão caro à medicina, tive a impressão de que não se falava exatamente de meu pai; tia Raquel percebeu minha inquietude e passou a traduzir em termos piedosos e compreensíveis aqueles relatos bastardos de sentimentos. Mesmo assim, mesmo com as melhores palavras de minha tia, meu pai afundara em letargia.

Com a passagem do tempo, o cunhado na clausura dos ausentes, a aflição tomando conta dos ânimos — os meninos inquietavam-se cada vez mais —, tia Raquel me propôs que somente nós, as duas, cuidássemos do pai durante as horas do dia. Também fez questão de me acompanhar nas noites que se seguissem dali por diante. Assim, quando todos se retiravam, ficávamos sozinhas, alternando-nos à cabeceira do doente, descansando, cada qual a seu tempo, em cochilos e sobressaltos. Naquelas horas, o quarto, mesmo amplo, era impregnado de uma atmosfera enjoativa e áspera; o ar tornava-se espesso, a claridade da lâmpada de cabeceira desmaiava cores e formas. Na luz opaca, eu temia que a morte chegasse sem alardes.

Temia ou desejava?

Por vezes, temia, mantinha-me atenta, vigiando com atenção máxima o rosto amado, perscrutando sombras imaginárias, pronta a afastá-las. Em outras ocasiões, ansiava que o desenlace se desse presto, imperceptível, de forma a acabar com o delírio em que tudo se havia constituído. Nesses momentos, nos quais o desejo de morte parecia ser incontrolável, procurava adivinhar o que meu pai me diria numa situação absurda como aquela.

O que ele teria a arrazoar com relação à própria morte?

Algum dia ele comentou que a dor da vida é os filhos sobreviverem aos pais?

Eu remexia as lembranças, revirava a memória, fragmentos de diálogos, palavras soltas — dentro de minha cabeça um oco preenchia a idéia indesejada. Um oco. A morte nunca fora alvo de preocupação, nunca gerara angústias maiores. Ou então, começava a perceber, eu nunca perguntara nada sobre o tema porque silenciosa e ardorosamente havia desejado que, numa subversão à ordem natural, ele sobrevivesse a mim. E tanto desejava que se fez imperioso o que deveria ser uma veleidade. De tal maneira era assim que, quando um dos cirurgiões encarregados anunciou que suspendera o tratamento intensivo — melhor que ele fique junto à família, asseverou —, cheguei a sentir uma espécie de alívio, como se aquela indesejável alforria me reavivasse as esperanças. Mas nada acontecera desde que o elevador aportara no quarto andar e dele, em uma maca, surgisse o corpo murcho, os olhos extintos do rosto, a expressão oca de qualquer ânimo. Principalmente as mãos, pousadas inúteis no lençol, incomodavam; as mãos que tantas vezes alçaram-se em movimentos curtos, ajudando as palavras e, não raro, alterando-lhes o sentido, despindo-as do significado banal, desenhando jogos de ironias. As mãos de meu pai, sempre tão exclamativas, repousavam numa gramática de silêncio.

Por várias vezes durante as horas noturnas, ansiava conversar com meu pai. Teria ficado quieta, escutando a voz plana, o tom calmo, as palavras medidas; nenhum exagero nos gestos, apenas a brasa do cigarro indo de cá para lá, marcando pausas e avanços, a pontuação reticente dos discursos da memória. Muito especialmente faziam-me falta os grandes silêncios a que ele se entregava, lacunas do pensamento que sempre me competia preencher. Faziam-me falta, portanto, as palavras não articuladas, áreas de lucidez e plenitude. Principalmente de lucidez. Desejava, também, ver na boca de lábios agora ressequidos a risada saborosa que desvendava um antigo molar de ouro. Desejava as respostas — ele, o dono de todas as respostas, todas, mesmo aquelas não reveladas. Imaginei que o silêncio daquele sono era, na verdade, a interrogação suprema e desafiadora.

O pai transformara-se, finalmente, em todas as dúvidas.

Os dias e as noites haviam se sucedido naquele baralho de sentimentos e suposições, a tia como interlocutora mais próxima, a amorosa companhia garantida pelo sangue. Sempre a amorosa companhia, sempre a interlocução próxima, sempre o silêncio a anunciar a espera. Até que, sem nem mesmo crer, eu estava no banco traseiro daquele carro, a cabeça entorpecida, ali dentro minha mãe e meus irmãos, e pelo retrovisor o que via era a fisionomia transtornada, a dor em estado bruto: tia Raquel nos levava para o aeroporto. Houvera um desenlace.

O desenlace e o pressentimento: horas angustiosas foram as daquela última noite. Ouvia passos sorrateiros no corredor, ouvia os barulhos abafados das madrugadas. Aguçara-se o sentido da audição na debilidade da luz e era terrível porque me parecia distinguir o gotejar monstruoso de todos os líquidos. Comecei a lutar contra sombras vindas sabia eu de onde, e que anuviavam o rosto de meu pai, aumentando os círculos acinzentados ao redor dos olhos. Foi de repente que notei um pequeno espasmo à altura do peito e logo o ventre alteou-se como se ele fosse capaz de aspirar um volume colossal de ar. Chamei, gritei-lhe o nome. Tia Raquel aproximou-se do leito e, sem pronunciar nada, voou porta afora. Fiquei ali, de pé, insistindo em despertá-lo. Chamei e chamei, cheguei a sacudi-lo, acendi todas as luzes, berrei, implorei, e nada. Nada: o ar saiu dele, lenta e mais lentamente, um sopro que se ia, apenas se ia e não voltava. Era improvável, mas me parecia que a expressão se alterava, que as muitas rugas na testa e nos olhos se desfaziam, que as profundas olheiras abandonavam-lhe, emprestando brandura às pálpebras cerradas. Antes que eu pudesse ter qualquer golpe de consciência, em meio ao grande desespero, um exército de enfermeiras postou-se junto a ele. Meneavam cabeças, murmúrios e murmúrios. Tia Raquel tentou me afastar daquela cena. Eu não podia entender o que acontecia, ou, talvez, a compreensão demasiada me houvesse imbecilizado. Deixei-me levar. Já do lado de fora do quarto, uma procissão de jalecos brancos e instrumentos, eu lutando porque queria ver meu pai, minha tia me segurou o rosto com as mãos, os polegares pressionando meu maxilar. Disse-me que eu não devia entrar, já não havia mais tempo. Dei-me conta, naquela hora, do peso da proibição que eu sempre ouvira: era interditado colocar os olhos sobre a fronte de uma pessoa morta. Meu pai, uma pessoa morta. Quis dizer o que se diz em tais momentos, *Shema Israel*, a síntese do credo, a reafirmação da unidade divina. Não pude. A fé não cabia em minha boca.

Em poucas horas, minha tia providenciara o necessário. Avisou também a mãe e os meninos; sequer foram ao hospital. Quanto a mim, lembro-me de ter ficado horas, imensas horas, sentada na sala de espera fronteira à enfermaria. Sem aviso, ouvi que irrompia um ruído friento, borrachas atritando-se contra a pedra. A maca passou por mim. Não pude mover-me, o corpo e as vontades dormentes, o barulho sobrenatural. Uma das enfermeiras me olhou, talvez consternada.

O corpo de meu pai.

O elevador engoliu-o com sua porta de madeira gasta e antiga. Minha tia apareceu logo depois, e eu, numa lenta reação, quis saber dela para onde tinham levado o corpo querido. A resposta me enlouqueceu: ele viajaria conosco no mesmo vôo.

O aeroporto de Congonhas nunca me pareceu tão monumental. Carregadores ajudaram-nos com a pouca bagagem. E meu pai?, quis saber, em meio ao pânico.

Tia Raquel tentou apaziguar-me, tudo estava arranjado, não precisava me preocupar. E como não me preocuparia? A idéia de que o corpo de meu pai pudesse se extraviar me alucinava. Ela se compadeceu de mim e disse que não haveria problemas, planejara todo o translado, cabia-nos tomar aquele vôo e, na chegada, procurar por tio Samuel, ele estaria nos esperando, era tudo, ela prometia. Um desvario: só veria o caixão de meu pai na hora do enterro.

Ao se anunciar o embarque, implorei que ela nos acompanhasse. Tia Raquel disse que não, não podia, e abraçou-me, o desespero revelando-se no vigor dos braços:

— Clara, cuide de seus irmãos.

Ouvi a voz triste muito junto a meu ouvido, uma plangência quase, o corpo amoldado, úmido de um suor quente. Sim, sabia, sempre soubera: era essa a tarefa. Não alcançava compreender bem as razões de tal encargo; meu próprio pai, coisa de alguns anos, havia repetido o mesmo num tom grave em que se emaranhavam o peso da autoridade e o temor da súplica. Nunca me atrevera a perguntar por que ele me incumbia de algo que parecia demasiado para um espírito tão jovem. Na verdade, perguntar a meu pai as razões daquela ordem poderia gerar algum outro confronto, mais um dos muitos que havíamos tido e que teríamos ao longo dos anos; ou, se não acabássemos nos altercando, a pergunta poderia gerar outra pergunta, numa seqüência incontrolável da qual eu sairia em desvantagem, sempre a mesma coisa. Desde aquela circunstância, guardei a recomendação numa dobra distante da alma, sem me preocupar que, algum dia, teria de tirá-la dali, espaná-la e fazer com que valesse com força de ofício capital. E, assim, a ordenação da vida traçando seus ciclos, a seqüência inapelável impondo-se, tocava-me a hora no estranho, estranhíssimo, revezamento. E como faria? Melhor, o que faria? Jankiel, o mais moço, estava com quinze anos, tinha expressões compenetradas e se entregava a longos silêncios, incomuns para um menino daquela idade; Hersh, o do meio, dois anos mais velho do que o caçula, era um adolescente feliz e barulhento, que enchia a casa com as músicas arrancadas do toca-discos Garrard, os olhos verdosos e o formato do rosto denunciando uma semelhança descomunal com a figura da mãe. E eu, quase vinte e dois anos, traços conformes aos do pai e aos do irmão menor. E de mim, quem iria cuidar? Não podia pensar naquilo, não estando prestes a embarcar. Quando entrei no avião, entrou comigo o pavor: o esquife viajava conosco. No compartimento de bagagens.

Voltei de minhas reminiscências quando, finalmente, apareceu o comissário com as bebidas.

Nas comunidades judaicas, todos os aspectos religiosos e práticos ligados aos doentes e aos moribundos, o fu-

neral propriamente dito e a assistência aos enlutados têm estado por séculos aos cuidados de uma agremiação conhecida como Hevra Kaddishah. *Esta irmandade serve a todos os membros da comunidade indiscriminadamente, baseada na regra de que nenhum indivíduo pode se beneficiar da morte de outro ser humano. Também de acordo com este preceito, é costume que qualquer lucro proveniente da intermediação de enterros seja revertido para uso de famílias necessitadas.*

Aceitei um pouco de refrigerante, servido num copo minúsculo e de bordas muito ásperas. Remexi na bolsa que estava a meus pés, tirei uma cápsula azul, coloquei-a na boca e engoli sem gosto. O ar continuava glacial, decerto também no compartimento de carga, temi, e a sensação era de que perderia o tino de uma hora para outra. Queria, precisava descansar, um sono pequeno que fosse. Fazia quanto tempo que não dormia? Vinte e quatro horas? Trinta e seis? Não lembrava, o raciocínio custava a se armar, uma grande confusão misturando siso e sentimentos. Ali ao lado, minha família, a substância de minha inquietação tão próxima. Fechei os olhos e abandonei o copo plástico sobre a bandeja.

Outra vez as imagens desparceiradas, os cacos de dor forrando a mente. Ali estava, portanto, o perfil quieto, a pele emaciada, os braços escassos ao longo do corpo.

Quanto tempo o pai permanecera naquele estado? Uma semana? Duas? Da boca pendia o tubo por onde viscos escorriam; o silêncio e o sono. Dias e dias, semanas, a imagem horrorosa, a intimidade exposta, cânulas e tubos por onde a vida transitava. O desespero da mãe, os gestos trêmulos, um medo quase infantil. Várias, diversas vezes, pedi que se retirasse do quarto. Sabia, em dolorosa lucidez, que ela não suportaria muito tempo aquele calvário, tão débil estava, os nervos tão abalados, uma fragilidade de que filho nenhum deveria ser testemunha. Atribuí ao instinto o desejo de poupar minha mãe, de mitigar o sofrimento. O que vai ser de nós?, repetia ela aos pés do leito do marido. E, sempre, todas as vezes num gesto em que se invertiam os papéis, abraçava-a, beijava-lhe o rosto e a encaminhava para fora do quarto, fosse ficar com os meninos na sala de estar fronteira à enfermaria. Nunca, lembrei-me, nunca antes me havia apiedado da mãe, nunca passara por nenhuma situação em que aquela figura, mascarada agora pelas lentes escuras, me houvesse inspirado misericórdia. E por quê, em outras ocasiões, sentiria pena dela? Sempre esfuziante de juventude, os traços sólidos, o corpo miúdo, os olhos verdes e firmes. A altivez de ser esposa de um homem. O orgulho de ser mãe de três filhos. A arrogância de não aparentar nem uma coisa nem outra. Quase vinte anos de idade a separavam de meu pai, uma diferença abissal, enorme demais para ser vencida.

Amaram-se aqueles dois? Sim, amaram-se, geraram uma família, geraram patrimônio, geraram amigos, coisas a que somente afeto incondicional poderia dar existência. Imaginava que a mãe deveria tomar as rédeas da família, acabar de criar os filhos, ver que estudassem, que crescessem. E como ela se tornara, da noite para o dia, aquela coisa tão patética, tão quebradiça, tão distante do ser potente que havia sido, tão diferente de uma esposa, de uma mãe, de uma mulher jovem? Envelhecera naquelas semanas; a pele se vincava nos cantos da boca, a provação marcando um sulco fundo na testa, junto à ponte do nariz. E os olhos, esses restavam baços, ensombrecidos, idosos. Acompanhei parte daquele processo, seus olhos tornando-se senis. Foi num dia, cedo pela manhã, logo depois que tia Raquel saiu para comer alguma coisa. Um dos médicos media os sinais vitais e fazia colher amostras de sangue do braço inerte. Esquivei-me da cena, zonza da noite de vigília, e saí para o corredor do hospital. Ao voltar, ouvi as últimas palavras do médico dirigidas à mãe: não restava muito tempo, ele sentia muitíssimo. Imediatamente, uma nuvem turvou-lhe os olhos verdes, secou os vestígios de luminescência. A esperança varrida daquelas pupilas num átimo. Correu em minha direção, o rosto transmutado, a consubstanciação de carne e dor. Um milagre, repetia, precisávamos de um milagre. Eu quis fugir.

Uma voz estrepitosa saía dos alto-falantes, anunciando algo que não cheguei a discernir. Sentia sono, e tudo se distanciava e se confundia.

Uma das tarefas do Hevra Kaddishah *é a visita aos parentes dos moribundos, certificando-se de que o paciente está cercado pelo* minyam *(a reunião de dez homens, indispensável para os serviços religiosos), que recita ao agonizante as últimas preces de falecimento e, no momento da morte, também o* Shema Israel, *a profissão de fé dos judeus.*

A boca arroxeada, a pele cor de cera, meu pai hirto de frio. Debatia-me com a imagem quando senti uma forte pressão em torno do braço e logo uma voz de homem perguntando se eu estava bem. Abri os olhos, assustada, dei-me conta de que adormecera, embora o pesadelo ainda continuasse. Estava bem, respondi ao meu vizinho de assento, agradeci-lhe a gentileza, ele desculpasse o incômodo. O homem tratou de sossegar-me, não era incômodo nenhum, eu tivera um sono agitado, havia derrubado o copo de plástico num golpe de mão, sorte que estava vazio. Reparei que você não almoçou, ele disse, enquanto, com delicadeza, voltava a encaixar a bandeja no lugar devido; havia alguma coisa em que ele pudesse ajudar? Esquivei-me do assunto, não fazia sentido partilhar intimidades a quilômetros do solo. O homem deu-me um olhar de bondade e cruzou os braços. Perturbei-me com o tom sereno daquele rosto. Uma serenidade da qual eu estava excluída: obsessivamente, me vinha a sensação de frio atrelada a um medo inexplicável. Um medo que causava dor.

A dor. Sentia como se um novo órgão se houvesse juntado ao corpo, pressionando o espaço dos pulmões, comprimindo o ritmo da respiração; era algo que dizia respeito ao físico, um destempero do corpo, uma alucinação dos órgãos. O cansaço dava sinais; o cansaço sobreposto, multiplicado. Cansaço: das preces silenciosas, da espera pela intervenção que não acontecera. Ou, se acontecera, havia sido de uma forma que eu não entendia. E como entenderia? Anos, teria dado anos de minha vida para ver o pai restabelecido, a mãe novamente graciosa, os irmãos felizes. Por que Deus não aceitara a troca? Porém, no meio daquela revolta e daquele pânico, intuía que a única alternativa era confiar na lógica divina, recolher-me a uma ignorância crédula e devota. No meio desse pensamento, olhei para a fileira de assentos contígua: Hersh cochilava, a cabeça descansando no ombro da mãe.

Uma família.

Tirei os óculos e guardei-os no bolso do casaco.

O funeral propriamente dito deve ter lugar sem demora, se possível no mesmo dia do falecimento (Deut. 21:23), com exceção do Shabat, *o dia de expiação e descanso, e nos primeiros dias das maiores festas. Após a morte, o corpo é levado até o* bet taharah *— a casa da purificação, que normalmente está no próprio terreno do cemitério. Enquanto rezas e salmos são ditos, a cerimônia de limpeza do corpo com água tépida é levada a cabo, no que se acredita que seja a base da citação bíblica "Nu ele veio, nu ele voltará" (Ecl. 5:15) — o homem é banhado quando nasce e deve ser banhado quando morre. A seguir, o corpo é vestido com uma mortalha de linho puro; os homens devem, ainda, levar para o túmulo o* tallit *— o xale de reza. O corpo deve ser deitado num caixão simples de madeira, sem ornamentos, enfatizando a igualdade de todos na morte.*

Novamente o horizonte se inclinava e as turbinas rugiam em desespero. Compreendi que os procedimentos de pouso haviam começado. O avião perdia lentamente altitude, o que causava uma pressão formidável na cabeça. O frio aumentava e aumentava. Voltaram os delírios, as bagagens aos trambolhões, o ar glacial, o ambiente de inferno que se tornara, para mim, o compartimento de carga. A aeromoça passou, recolheu alguns copos e pediu que puséssemos os encostos na vertical. A realidade impondo-se, tentei serenar-me. O vizinho olhava pela janela, acompanhando, com ar quase tolo, os recortes do céu. Mais uma vez invejei-lhe a expressão pacificada por uma certa alegria. Com certeza tinha família, filhos; com certeza esperavam por ele. Que idade teria esse homem? Observei as mãos que repousavam sobre as pernas e decidi: uns cinqüenta anos. E os filhos, que idade teriam? E quantos eram os filhos? Constituí a cena no saguão do aeroporto: ele sairia pela porta, empurrando o carrinho com a mala, viria a mulher, viriam os filhos, a família de novo reunida. De repente, tive pena de meus irmãos que, agora, não tinham mais um pai. Invejei, fundo, a sorte dos filhos daquele homem. Eles ainda tinham um pai, um pai bondoso, amável; um pai que viajava na cabine de passageiros, que desceria do avião pelas próprias pernas, caminharia até as dependências do aeroporto e os abraçaria com amor. Deixei que meu braço encostasse no dele. Tentei guardar a impressão dos sentidos, o calor discreto dissimulado pelas roupas. O calor de um homem.

Acompanhar os trabalhos funerários é também considerada uma obrigação religiosa, inclusive justificando a interrupção do estudo da Torá. Originalmente, as setes pausas da procissão do enterro no caminho da sepultura correspondiam às sete formas gramaticais da palavra hevel *(morte, transitoriedade), os sete dias da criação e os sete estágios da vida. Durante as pausas, rezas são lidas, a exemplo dos Salmos 16 ou 91.*

Era exatamente uma hora e dez minutos quando o avião tocou o solo de Porto Alegre numa aterrissagem sem alvoroço, pela qual agradeci a todos os anjos do céu. Logo os passageiros puseram-se de pé, ignorando os rogos do comandante para que sentassem. Os dois vizinhos, cada um por sua vez, muniram-se de maletas e casacos. Limitei-me a observar os homens, adivinhando a mãe e os irmãos atrás deles. Com efeito, Jankiel ali estava, de pé, a mão sustentando a cabeça, os olhos seguindo a fila que se formava. Agoniei-me: teria sido eu a única a ser assombrada por aqueles pensamentos desatinados? E agora, o que iria acontecer? Quem viria retirar o caixão de meu pai? E ele teria, realmente, vindo conosco naquele vôo? Meu vizinho imediato fez um gesto amistoso, indicando que podia tomar-lhe a frente. Eu, por minha vez, cedi o passo ao caçula, depois a Hersh, e finalmente, indiquei que a mãe tomasse a dianteira. Caminhamos lentamente pelo corredor estreito, a fila enlutada em procissão. Antes de descer, recebendo a lufada dos ventos de julho, observei o pátio do aeroporto. A apenas alguns metros dali, iniciava o embarque de outro vôo, a multidão apertando o passo na tentativa de esquivar-se do frio. Tive imensa vontade de estar em meio àquela gente buliçosa, que fazia caminho inverso ao meu, distanciando-se, apartando-se, indo embora. Desci com vagar a escada. Minha mãe e meus irmãos iam bastante adiantados, já quase cruzando a marquise que protegia a entrada da sala de embarque. Na pista, antes de tomar o rumo do prédio cinzento, vi que as malas estavam sendo transportadas. Estaquei: a caixa negra reluzia, um pretume intenso.

Levavam o caixão de meu pai.

Os ventos zuniram e zuniram, uma zonzeira alucinada entorpeceu-me as pernas. Logo, o mundo converteu-se no mesmo breu da madeira, e eu penetrei em alguma coisa parecida com a morte.

Senti que braços sustentavam minhas costas, a força das mãos escorando-me, um calor próximo ao rosto. Aos poucos, voltei a dar cobro de mim — acudira-me o passageiro que viajara a meu lado. Ele parecia tão assustado quanto eu e perguntou se deveria chamar alguém, quem sabe um médico? Agradeci e, sentindo-me na obrigação de explicar-lhe o que se passava, apontei para o caixão que se ia num dos carrinhos que faziam o transporte de carga. Ele compreendeu e, solidário, abraçou-me com firmeza, acompanhando-me até o interior do aeroporto. Hersh assustara-se com meu atraso e, percebendo que um desconhecido me amparava, correu para prestar auxílio. Meu benfeitor, entregando-me a meu irmão, afagou-me os cabelos, ele sentia muito. A seguir, recolheu da esteira uma grande valise e enveredou rumo à saída, misturando-se ao povaréu no saguão; nunca pude saber se realmente a família o esperava. A mãe e Jankiel cercaram-me, o que havia acontecido? Serenei-os, minimizando os acontecimentos, já me sentia mais disposta. Logo avistei tio Samuel, que, metido num terno negro, esperava-nos no meio da turba. Veio ter conosco e, sem medir o peso do que dizia, açoitou-me os sentidos:

— O corpo já vai ser levado para o cemitério.

Nas áreas rurais européias, ainda se mantém a antiga tradição segundo a qual, na saída do enterro, as pessoas devem jogar, sobre os ombros, punhados de grama e terra, como um símbolo de transitoriedade, dizendo "Lembremo-nos de que somos pó". Antes de deixar o cemitério, depois dos ritos cerimoniais, os participantes lavam suas mãos numa fonte de água ou numa torneira conhecida como kiyor, *instalada junto ao portão com este objetivo.*

Lavei as mãos no *kiyor* e depois as esfreguei na própria roupa. Entrei no carro que meu tio conduzia. A meu lado se instalaram os dois irmãos; a mãe já estava no banco dianteiro. Todos quietos. Havia um engarrafamento logo adiante, minha cabeça acomodando uma constelação de estrelas. Detive os olhos nas mãos do irmão menor, os dedos elegantes, as unhas rentes; os traços do pai transcritos em carne. A imagem fez com que aguilhões espicaçassem ainda mais o cérebro. Levei os dedos à têmpora direita. Jankiel percebeu o movimento e quis saber o que estava acontecendo. Muda, abracei meu irmão, beijando-lhe a testa: tudo ia ficar bem, não era nada. Ele apertou os lábios e aquiesceu com a cabeça. Tudo vai ficar bem, fez coro. Deixamo-nos estar os dois, a intimidade trocada como um alento, o sono vencendo a inquietude. Somente despertamos quando o carro parou em frente ao prédio. Tio Samuel despediu-se, voltaria mais tarde. Um minúsculo desafogo, afinal.

Ao abrir a porta, aspirei o ranço bolorento vindo do interior. Desgostei-me com o bafio, a mistura acre de umidade e tempo. Corri a abrir as janelas, afastando as grossas cortinas da sala. Percebi que os irmãos faziam o mesmo, enérgicos, desafiando o tecido pesado e a resistência dos próprios membros. Só a mãe permanecia junto a um dos sofás. Chamei-a, sem poder disfarçar um pesar muito sentido. Seus olhos pareciam extraordinariamente mais velhos, mais aviltados. Ela obedeceu, miúda.

A passividade da mãe me incomodava. Por que, durante o enterro, ao contrário das atitudes de toda a vida, ela se manteve impassível, pequena, cada vez menor, os ombros contraídos, acompanhando o cortejo com a cabeça baixa, as novíssimas cãs batendo-se ao vento, o olhar fixo no caminho de pedras — o rosto mimetizado em pedra? Quando as portas do *bet taharah* se fecharam para o banho ritual dos mortos, o caixão negro oculto pelo mistério da nova purificação, postamo-nos lado a lado, a família reunida. Tentei abraçar a mãe, reconfortar os sentidos, encher a alma que se esvaía na espera; ela, no entanto, com a mirada fixa nas duas portas de madeira, foi incapaz de qualquer outra reação, o rosto sulcado e cinzento. E como, tive de convir, a mãe reagiria se ali dentro outras mãos violavam o corpo cuja nudez havia sido prerrogativa só dela durante vinte e três anos?

Quando as portas novamente se abriram, os homens pareciam apressados, gesticulavam, fazendo espaço. O rabino amorosamente chamou-nos, "Só os familiares mais próximos", e organizou um semicírculo maljeitoso. Entoou os salmos com mais força, a música acaçapando os ouvidos, o desenlace em melopéia, o suor escorrendo desde o chapéu de feltro negro, deslizando entre os pêlos da barba. As mãos do rabino, poderosas, estavam prontas para o ofício do luto, todos sabiam e esperavam. E, num gesto, sem ninguém se dar conta de onde havia surgido, já uma lâmina de barbear, meio fosca de uso, resplandecia entre seus dedos. Os olhares se concentraram, magnetizados pelo metal. O homem deu um passo em direção à minha mãe e, cumprindo o esperado, deu-lhe um longo talho na gola. Ela olhou o rabino, a expressão dura e intransitiva. Depois, seguindo-se o pesadelo, os meninos, cada qual a seu tempo, tiveram as vestes rasgadas, os olhos inundados do pranto legítimo e pontual. Não havendo volta atrás, ofereci a blusa à imolação, a lâmina cega vencendo a resistência do tecido aos trancos, as fibras separando-se, rilhando nos dentes. O terno negro do tio foi também lacerado. Outro, mais um dos pactos ancestrais, se desenrolava ali, à distância de centímetros, a mesma perda que assolou Abraão, o mesmo gesto de esfarrapar a roupa em desespero, a mesma impotência diante do desígnio. Eu lia a boca do homem, o *kadish* nos lábios miúdos, a oração dos enlutados, sinal de que tudo era verdade. Aquele deveria ser o momento pior de que falava meu pai, o único momento em que não havia senão a dor, a dor e o direito de purgá-la.

Por que, então, minha mãe purgara em silêncio? Alguma expressão, uma lágrima, uma reação que a reintegrasse ao mundo dos vivos, qualquer coisa teria sido preferível àquele rosto imbecilizado e monótono. Quando o caixão baixou ao túmulo, o rascar horrível das correntes contra a madeira, a terra caindo em estalos secos, uma sucessão de ruídos agônicos, ainda assim minha mãe se manteve alheia de si e do mundo. Quis acreditar que a viuvez, chegada num repente desleal, tivesse a capacidade de amortecer-lhe a revolta; sim, cheguei a ter a convicção de que aquele entorpecimento era, na verdade, a expressão máxima do sofrimento, o sofrimento que também me transia, a mim, a filha, sempre tão agarrada ao pai; o mesmo sofrimento que em minha mãe, no auge de sua intensidade, anestesiava as reações, todas, enquanto uma torrente refluía na alma, algo assim íntimo que não dava sinais de sua existência.

E eu, a filha mais velha, por que não pranteara o pai? Mas e se eu aprendera a conter as emoções, se tragara todos os ímpetos? Eu, sempre tão diferente de minha mãe, sempre guardando as lágrimas num embrutecimento medido, sempre repreendendo as manifestações apaixonadas da família. Enquanto o tio, os outros parentes e amigos atiravam punhados de terra sobre o esquife, desesperei-me. Dei uns dois passos para trás, a mão úmida de terra, mais uma vez a visão perdendo a nitidez. Amparada por Jankiel, sentei-me num dos bancos, escutando, ao longe, a canção monocórdia que o rabino entoava. O frio, então, desafiava as tramas do casaco, gelando a alma, o discernimento voltando aos poucos, materializando-se no pó das mãos. Naquela hora, abarquei com a vista toda a extensão do cemitério, afeiçoando-me, de chofre, ao silêncio das lápides.

Ao embarcar no carro, as mãos queimadas pela água, lembrei-me de que ali, naquele mesmo lugar, repousava outro homem, o jornalista por quem meu pai sempre nutrira admiração, e que fora assassinado pelos rigores da estupidez. Não, decididamente, ao contrário dos esclarecimentos oficiais, não houvera um suicídio, e estavam agora, ele e o pai, imersos na Revelação. Voltei a cabeça, hesitando ainda um instante. Tio Samuel deu partida no carro. Decerto que todos os homens bons morriam antes do tempo.

Depois do funeral, segue-se uma semana de luto — shivah, *os sete dias — quando é missão visitar e confortar a família do falecido. Na casa enlutada, preces são ditas no decorrer de todo este período, evitando-se o comparecimento a celebrações, eventos sociais, trabalho e estudos. Em algumas regiões, é costume rasgarem-se os sapatos do morto e seguir a regra de cobrir os espelhos em sinal do despojamento das vaidades terrenas.*

— Clara, telefone.

Vim das lembranças e olhei para Hersh. O que era mesmo? Meu irmão repetiu, parecia que era ligação internacional, iria atender? Fiz que sim e caminhei até o estar íntimo. Disse um alô muito breve, seco, impaciente. Depois, a assombração, enorme a ponto de fazer com que me sentasse na poltrona. Tudo o que conseguia enxergar era a tapeçaria da parede. Ouvia a voz e não acreditava, não podia ser. Vi quando a mãe se levantou e caminhou em minha direção, cruzando o arco que dividia as duas peças, os pés descalços atraindo-me o olhar. Que já não via.

Não, não podia ver nada, apenas a fala do outro lado da linha excitando-me o senso. Comprimi as costas contra o estofado, ouvindo a minha própria voz em hesitações, monossílabos vagos; depois, o peito em espasmos cadenciados, finalmente o choro que contivera vinha-me como desabafo, a convulsão das lágrimas em grandes abalos. Chorava, enfim chorava, a humanidade imprevisivelmente restituída.

Quando pude me acalmar, balbuciei um agradecimento e um adeus. Embora não desejasse, desliguei o telefone. Minha mãe chegou até mim no mesmo passo vacilante. Ergui-me, lutando contra um peso colossal, e colhemo-nos uma à outra, os ombros da mãe magros e descarnados. Tentei falar, serenar o tormento que se abatia, mas a voz não me saía. Com surpresa, os braços da mãe ganharam potência e toda ela pareceu inflar-se para, depois, estourar no pranto que sucede igualmente todas as perdas. Em desespero, estreitei-a entre os braços, amarrando-a com os elos que pensava não mais existirem. Estivemos de pé algum tempo, os rostos sumidos no abraço. Devagar, separamo-nos. Sentamos as duas ao mesmo tempo e nos demos as mãos. Olhávamos exatamente para o mesmo ponto sobre a mesa de centro, sempre para o mesmo ponto, até que sobreveio a calma. O rosto da mãe, então, já não parecia de cera. Aquele semblante ganhava finalmente a dignidade dos viúvos.

Hersh entrou no estar íntimo, circunspecto, carregando um monte de lençóis. Entendi a intenção, era essa a hora em que deveríamos cobrir os espelhos da casa, ocultando a falta do rosto que ali não mais estaria. Juntei-me a ele na tarefa, ambos em silêncio.

O grande espelho do *hall* de entrada, o maior deles, herança de família, deveria ser resguardado por primeiro. Escolhi um dos lençóis e, pinçando com firmeza uma das pontas, pedi a Hersh que fizesse o mesmo. Ele repetiu o gesto, e com o pano firme entre os dedos caminhou para trás; logo, tínhamos entre nós uma perfeita tela, alva e imaculada. Erguemos os braços e, cuidando a grossa armação de madeira, envolvemos o cristal com a peça de linho. Hersh tomou distância, e ao analisar o recente trabalho perguntou quem havia telefonado. Eu me senti petrificar: ele se lembrava daqucla voz? Meu irmão fez um sinal com os ombros, o queixo apertando-se para baixo, sim, a voz é familiar, garantiu, enquanto contava que a moça não se identificara, apenas dissera que tinha urgência, era uma chamada internacional. Uma calidez fora de propósito me invadiu e ponderei que era bem possível que ele ainda se lembrasse da autora do telefonema, fazia algum tempo que não se viam, uns cinco anos. E como ela se chama?, Hersh insistiu. Agarrei-me à trouxa de lençóis. Percebi-lhe a curiosidade viva no rosto, os cantos dos olhos levemente franzidos, as pontas dos dentes entrevistas nos lábios finos. Não havia outras sombras naquela expressão; ao contrário, um ar decidido e viril reforçava o tom interrogativo — o menino havia se transformado em questão de poucas horas. Um homem, o homem da casa, e que agora exigia uma resposta. Respondi, enfim, encantada com o som que me saía da boca. Hersh fez o jeito de quem se espanta:

— Claro que me lembro. Ana, aquela sua colega de escola.

Era a primeira vez, em muitos anos, que aquele nome voltava a ser pronunciado entre as paredes daquela casa.

Ana em Paris

No momento em que eu te narro, chove em Paris.

Sempre opressiva a chuva, e sempre essa inquietação. Um céu triste; tão triste o cinza, pensas. A massa de nuvens segue a curvatura da abóbada, amoldando-se como um toldo à esfera do planeta. Enches a chaleira com água, acendes um dos queimadores do fogão e, quando os vapores se desprendem em oscilações cor de malva, corres a desligar o fogo e a preparar café.

Te consola o aroma, a textura amarenta te preenche a boca. Tens a xícara entre as mãos e tardas, roubando a tepidez da louça bojuda e marrom. Olhas para o piso de ladrilhos hexagonais, cuja minguada extensão te dá os limites de tua cozinha, e te desgostas dos rejuntes encardidos, da muita sujeira acumulada pelo descaso e pelo tempo. O tempo, essa urdidura em que te enleias sem nem te dares conta.

Faz quanto estás aqui? Dois anos em que a vida se estendeu e se encurtou em vastidões compenetradas, os olhos incendiados de leituras, a cabeça num ralentando amargo de exaustão. Primeiro a *licence*, agora inicias a *maîtrise*, pequenas vitórias que te dão algo de orgulho e que um pouco te alentam; um pouco porque querias mais do que isso, querias ter paz, a paz do esquecimento. Mas as coisas nunca têm sido o que deveriam ter sido, Ana, e muito por isso lamento e lamentas.

Afastas os pensamentos, e como se não houvesse mais o que fazer, decides: vais sair. Levantas, caminhas até a pia, lavas a xícara, sacodes as mãos, seca-as no pano de prato. Os dedos e os dorsos restaram ásperos das temporadas de frio e da água calcária; um desgosto. Diante da tua mesa-de-cabeceira, escolhes o tubo alto e cilíndrico e te encharcas de uma meleca graxosa. Esfregas uma mão na outra até que a pele reluza de óleos. Náusea, sempre te vem essa náusea com o perfume doce do umectante. Aproveitas o espelho pregado à parede em frente para a inspeção de rotina: também a pele do rosto, principalmente a do nariz, tornou-se opaca e seca. Com o calor que faz, te consolas, os ciclos se alterarão e o viço te constituirá.

Junto à porta, vestes a gabardine, a gola levantada junto ao rosto, dás de mão na sombrinha; penduras a bolsa no ombro e sais. Desces sacolejando na pequena gaiola do elevador.

Na Avenue d'Italie te municias de fiambres e queijo; te namoram as azeitonas pretas, aquelas ali, lindas, gordas, luzindo de azeite, e apontas com o dedo, o negrume te atiçando a cobiça e a gula. Com uma concha vazada, o homem de extravagante sotaque — mais um estrangeiro, como tu — apanha uma porção e, paralisando no ar o movimento, espera até que a franja dourada se converta num fio, e até que o fio se renda num gotejar vacilante. Pagas o devido e, satisfeita, cantarolas uma despedida na língua que não é tua e que, com certeza, também não é a deste senhor ao qual viras as costas.

Na rua, ainda a chuva. Juntas a gola do impermeável, abres a sombrinha, mas, em vez de voltar à casa, andas mais algumas quadras em direção ao sul. Já na esquina, avistas o imenso letreiro: *Toto*. Diminuis o passo, aprumas as compras, entras e te misturas à barulhenta confusão da loja. Estás já há algum tempo inspecionando as ofertas de artigos de cama e de banho para o apartamento, ensolarado e espaçoso, que um dia ainda vais ter; um jogo de toalhas em tons acinzentados te parece uma beleza, cinza vai bem com tudo, cores neutras, sempre. Apertas os olhos e fazes força para te lembrar dos azulejos que vão decorar teu futuro quarto de banho; agora, ali ao lado colocas a toalha, e naquilo que arquitetaste na tua idéia tudo está combinado e perfeito. Uma negra gordíssima, cujos seios e barriga projetam-se para a frente como uma afronta, te atende com um sorriso. Pagas, enfias as sacolas no braço e te diriges para a rua. Encetas o caminho, esquivando-te de um que outro passante. Uma quadra abaixo, lembras que te falta pão. Mais um volume que carregas. Mesmo que as compras, presas à tua mão direita, te incomodem um pouco, sentes uma onda de quase alegria, como sempre quando tens alguma coisa nova para teu quimérico apartamento. Um novo lar, já que malograram as tentativas de te tornar íntima das paredes entre as quais vives. Caminhas, pensando nas toalhas, na janta, na *mémoire* que deves começar a escrever, tens vontade de entrar no bistrô ali da esquina, gostarias de comemorar as toalhas novas tomando um *pastis* com alguém, mas logo te decepcionas, estás sozinha e sabes que para toda a gente que vês, o silêncio é tão difícil de ser quebrado quanto para ti é difícil suportá-lo. Nem percebes teu reflexo que escorrega gracioso na grande janela de vidro.

Chegas em casa, guardas as toalhas. Arrumas a mesa: prato, talheres, cálice. Retiras uma travessa do armário e nela vais arranjando a matéria de teu jantar: a cunha de queijo, finas fatias de presunto, a rodela de patê emoldurada por uma cinta de chorume; admiras o negror das azeitonas ao colocá-las num pequeno pote. Arranjas o conjunto no centro da mesa e o fazes ladear pelo pão castanho e áspero. Agora, te pões na ponta dos pés, e da mais alta das prateleiras retiras a garrafa de vinho espesso e escuro; ato contínuo, forças a rolha até que um curto ruído se ouça. Dás volta com o corpo e, inclinando a garrafa, entornas o tinto com reverência. O cristal se colore, desprendendo um buquê macio e seco. Eis aí teu jantar. Ligas o rádio, alguma canção te acompanha. Comes devagar, muito devagar, entremeando goles prazerosos. Prelibando, deixas as azeitonas para o fim.

Perfuras a polpa até que os incisivos encontrem e se rendam ao sólido miolo e, esperado momento, o sumo estoura em tua boca, alastrando-se pela língua. Ávida e laboriosa, descarnas os caroços e, antes de devolvê-los ao prato, fazes com que voluteiem pela mucosa, chocando-se contra a dureza bem-feita de teus dentes. Assim, sempre assim procedes; uma a uma, até que te satisfazes.

Agora aproveitas a moleza emprestada pelo vinho e te vêm o sono e o cansaço. Uma leve pontada na cabeça te incomoda e, sem que lhe faças caso, a dor logo se dissipa. Desligas o rádio e te afundas na única poltrona. Suspiras. À luz do abajur, olhas para ti. O espírito do álcool aguça a pluma melancólica das recordações. Rostos, vários rostos se estampam na nebulosa tela que engenhas. Por um instante, queres te safar, te debates. Logo, no entanto, com extrema doçura, te rendes. E lá, farol luminescente, uma face te impacta e te enternece mais do que as demais; o mesmo rosto que te tem acompanhado como um arco-íris firmemente projetado sobre os abismos. Sorris porque são quase sólidos os olhos, quase material a boca, quase palpáveis as feições: sentes entre os dedos os cabelos, esse tule abundante e desobediente que costumava te roçar o colo e os seios e o ventre. Quanto tempo faz?, te perguntas. Mas o silêncio não te responde nada, e o que mais desejas nessa hora são as palavras que essa alma transviada te pudesse dar.

Com ela inauguraste o desejo e a afeição; a madurez. Te desdobraste em carinhos, recebeste-a em ti, entregaste o corpo por primeira vez; tremendo, sugaste-lhe a pele, tiveste-lhe na boca o sexo, surpresa de invenção e entendimento, inédita vertigem de descoberta. Ela, expondo-se sangüínea como um organismo eviscerado. Fruta, ela assim te dizia: uma fruta. As trapaças da distância afastaram vocês duas e, por isso, não mais a tiveste, nunca mais o conforto do calor perfumado, nunca mais a preguiça entre os braços macios. Tentaste esquecê-la, é verdade, atirá-la no material de errâncias pretéritas. Ainda assim, o que te valeram os esforços, as noites brancas, os dias apavorantes? Nada, muito pouco. Porque nunca mais voltaram a tocar-te com tamanha veneração, nunca mais em ti inauguraram tantos caminhos de inquietude, nunca mais os santos e os demônios obraram com tanta potência num só ser. Nunca mais repetiram-se as delícias de tua primeira paixão. Nunca mais, e já se passam anos.

Espalmas a mão sobre o abdômen, e abaixo da blusa, o dedo anular levanta arrepios da pele quente. A memória persiste e te faz perplexa, como sempre. Te olhas ainda, olhas teu corpo, e o mundo se transfigura e se cristaliza.

A outra.

Teu duplo, réplica de ti, esta agora é que és. A outra que paira em ti desde sempre, que levita entre as camadas de tua pele, que te confunde os conceitos. Tua conformação já não te pertence porque é a outra que te constitui; mais do que insistente recordação, ela é tua matéria de amor. O suave visgo te escorre, como se da outra escorresse, brotam de teus dedos círculos e elipses, a outra de irresistível efeito sobre ti; o véu dos cabelos te queima as coxas, a língua te atiça a delicadeza. A outra, de formas adolescentes nas tuas formas que se vão engrossando; a outra, que, entretanto, é tu mesma, aquela da qual foste par, àquela a quem disseste que eras igual. Igual nessa hora em que te afundas em ti, que te concentras e que anseias: tua boca no ar tateando a outra boca, anelando a saliva fresca, o contágio eterno dos lábios nos teus. Queres, desejas; o tempo, triste tempo, encheu-te a memória de fantasias e, por tanto poderes lembrar, te desesperas; arquitetas a figura, montas as formas, e te consagra a imagem com peso e dor. Peso e dor te compõem, agora, e o irreversível de que tudo se reveste ainda mais te excita e queres. Comprimes os olhos, teus belos olhos, e por dentro deles passeiam os outros; os mesmos outros olhos que também se cerram, se fecham, se apertam, e conténs ela, a outra, dentro de ti, como sempre a contiveste, como sempre a conterás. Arqueias a espinha, oferecendo-te a ela, oferecendo-te a ti, e a espuma efervesce sagrada como o cântico do amor que te fazes. Tremes, arquejas e, sentindo que tens de voltar ao mundo, gemes, sozinha, do prazer de vocês duas. O nome dela escorre de tua boca em balbucios: Clara.

O telefone te interrompe o torpor. Atendes, e a voz límpida de tua mãe te impõe uma apavorante lucidez. Queres te esquivar, respondes lacônica e cansadamente. Até que, como se fosse casual, ouves a notícia: o pai de Clara morreu. Pedes que tua mãe repita ainda uma vez, custas a te convencer. A morte custa a te convencer. O pai de Clara, aquele que odiaste, aquele que temias, aquele que primeiro afastou tua amiga de ti. Tua mãe despede-se e a custo sofreias a ansiedade que te invade. Pensas e pensas no que deves fazer. O gesto te vem, fazes o número no disco, o mesmo número de há anos, esperas que atendam. Uma fala de menino, um rapaz; um dos irmãos de Clara. Não queres te identificar, talvez ele não se lembre: decerto que não. Esperas um instante e pedes que ele chame tua amiga, é urgente, ligação internacional. Em segundos, ouves a voz; te espantas com ela, a voz sem corpo, convertida em irrealidade. E tua própria voz escorrendo como um rio:

Clara sou eu há quanto tempo não nos falamos queria dizer que soube de seu pai estou em Paris é estou estudando minha mãe me telefonou contando coitado era moço ainda por favor não chore Clara não queria que você sofresse eu tenho saudades nunca mais pudemos nos ver Clara você está me escutando fale comigo por favor não chore Clara não chore quanto tempo sem nos falarmos e nos falamos justo assim nessa hora desculpa chamar você sabe onde me encontrar sinto muito já disse não precisa agradecer um dia talvez nos vejamos vou desligar adeus

Adeus, como uma pedra.

Quatro pequenos relatos

Minhas cefaléias e a implacável ourivesaria do tempo

Havia, antes e cronicamente, muitos martírios, mas aquelas dores de cabeça começaram no evento da morte de meu pai. A dor primária gerava outras dores, desacordos entre alma e corpo, borbotões de sofrimento. Comprimidos e comprimidos, uma lista incontável, e suplicava à minha própria memória que, através de alguma letargia, se esquecesse: da minha adolescência, das perdas, da melancolia, da dor; queria esquecer-me da própria faculdade das lembranças. Entendia que no silêncio do olvido, e tão-somente ali, restaria algum descanso, se é que ele havia de me acontecer. No mais, enquanto a memória persistia, eu me resignava com o padecimento. Havia manhãs em que, logo ao despertar, lá estavam aqueles pontos claros, estrelas brancas, sóis desalinhando a visão. Depois, num dos lados da cabeça, pequenas chamas latejavam em compasso, fulgurações açoitando a testa, impulsos densos que anunciavam um sofrimento maior; como se possível fosse, a sensação aumentava no correr do dia, eu com vontades de serrar o crânio e de arrancar a dor com a mão. Um inferno, então: os cheiros terebravam pelas narinas, perfurando todos os espaços, a luz flagelava as retinas, e os ruídos, mesmo os de costume, vergastavam o cérebro, fazendo tremer até os cabelos. Enxaquecas, passei a chamá-las, aderindo ao sentido comum e, também pelo princípio da tolice, mastigava e mastigava comprimidos, um atrás do outro, em desespero vão.

Apesar disso, as coisas se aprumavam, numa ordenação que, se a mim pareceu demasiado lenta a princípio, mostrou-se depois equivalente ao filigranar cioso do ourives até o resultado final. Dessa forma, de pequenos acontecimentos, refez-se a rotina de minha família. Com a ajuda de tio Samuel.

O idiota

"Sangue não é água", troava meu pai, e meus ouvidos se abismavam. Certo, sangue não é água, mas como podiam duas criaturas de igual herança nas veias serem tão distintas? Vinho e água, vinagre e azeite, qualquer comparação em que os elementos se antagonizassem tanto que confusão alguma entre eles pudesse haver, tal era a distância entre meu pai e meu tio. Como podia aquele homem ser meu tio? A mim me desgostavam os gracejos rudes e pesados, o riso fácil e absolutamente tolo, as considerações fora de propósito; sobretudo sempre me despertou ojeriza aquela insultuosa tendência ao faraônico. Claro, na construtora, durante a época em que ele era sócio minoritário, nunca pôde desenvolver tais vícios porque uma condução comedida sempre lhe esteve por diante. Meu pai administrava a empresa como vivia — pesando, medindo, e no mais das vezes negando. O pai era, portanto, o oposto desse meu tio. Tinha apego pelo valor exato e real de todos os elementos que o cercavam; temia, e muito, os exageros e as ostentações. Se os outros sabiam que ele tinha, por que ele deveria demonstrar? E se não sabiam, qual a serventia de fazer com que soubessem? Era um raciocínio meio tortuoso, mas que constituía um verdadeiro breve contra a vaidade. E o pai tinha vaidades? Ah, tinha sim, mas eram de ordem oculta e secreta. Talvez a maior delas se relacionasse justamente com aquele culto à elegância da frugalidade. Reconhecidamente, ele era um homem de hábitos módicos, exceto pelos vinhos dos fins de semana, as gravatas de seda e os ternos sob medida. No mais, não renunciava àquele rigor. E tinha muito orgulho disso. E, também passei a acreditar, a ausência de comportamentos frívolos tinha dupla função: por um lado era uma forma de preservar a família, tornando-nos avessos a futilidades e, por conseqüência, invisíveis à cobiça alheia; por outro, era uma forma de salvaguardar o patrimônio que reunira até então, resultado de superar a miséria que imigrara junto com meus avós, muito sacrifício desde sempre, um sacrifício do qual meu tio mais se interessava em usufruir do que em mitigar. Se meu tio se esbaldava em carros e viagens, meu pai permanecia alegremente servido com o Fairlane rabo-de-peixe, velho de dez anos, e com fins de semana junto aos jornais e à sarabanda da casa.

Assim, depois da morte de meu pai, quando tio Samuel coroou-se diretor da empresa, meu pensamento foi dramático e maldoso: os ratos tomavam conta, afinal. Para minha surpresa, ele se mostrou prestativo, e isso era o mínimo que se podia dizer. Prestativo a ponto de tomar para si a administração e tutela da herança deixada, correndo a transferir imóveis e ações para nossos nomes, gerenciando aluguéis, compras, vendas, seguros, impostos, tudo com o argumento de que devia muito mais do que aquilo a meu pai. Sim, com certeza devia; devia o fato de ter sobrevivido ao irmão. Os meninos e a mãe talvez não partilhassem das minhas cautelas preventivas, mantidas com ferocidade; nenhum deles contestou a sucessão no cargo de diretor da empresa; nenhum deles pareceu amargurar-se com a figura enfatiotada despejando ordens como se dono fosse. Claro, talvez a minha família percebesse algo que eu todavia não alcançava, que era o fato de que precisávamos nos manter, a empresa tinha de seguir e os meninos ainda eram tenros para os negócios. Talvez, inclusive, todos vissem em meu tio o sangue do sangue, a voz ancestral rebatendo em nossas cabeças.

Muito embora eu alimentasse sentimentos catastróficos com relação à construtora, a concretude dos fatos me reduziu a um ser ranzinza. Mais e mais o logotipo azul e branco se estampava em tapumes de obras, mais e mais a firma prosperava, mais e mais meu tio se jactava, boçal. Aquietei-me por um tempo, dobrada pelas cefaléias e mordida pela culpa e pelas lembranças, aquelas eternas. O que passou a me inquietar então, além dos queimores provocados pela aspirinas, foram as atitudes de meu tio no tanto que nos dizia respeito. Não bastasse o fato de ter-se aproximado perigosa e impositivamente de nossa casa, passou a referir-se à cunhada e aos sobrinhos como *sua família*. Da primeira vez que ouvi isso, uma pontada ácida me espremeu as têmporas; dentro de minha atonia, vi a mãe corresponder com um franco sorriso, como se tal tratamento fosse um elogio, não uma afronta. Por que minha mãe, esposa de um homem, antítese do que agora tínhamos na nossa frente, não reagiu como deveria? Meus irmãos pareceram não escutar o desaforo, uma ausência de senso. Assim, mais e mais vezes ouvimos a inverdade com ares de pompa, e só eu me revoltava. E tanto me batia contra aquele estado de coisas, e tão solitária era minha bravata, e tanto parecia que só eu via o que os outros não podiam ver, que me sobreveio o desamparo de nada poder compartilhar. Sentia como se fosse preciso cavar um imenso fosso e, ali no isolamento, berrar ao vazio minha delação mais urgente. Mas nada pude fazer; todos agiam como se nos unissem, realmente, laços de afeto e de sangue. Inquebrantável parentesco. Por que, se tão importante para ele era uma família, nunca chegara a se casar? Desde minha infância ouvia as histórias de uma paixão secreta, um amor não correspondido, alguma tragédia afetiva que nunca chegara à luz em totalidade. Sempre a trama vaga e distante de uma mulher, uma linda mulher em quem ele projetara, em vão, as fantasias de amores. Claro, e que mulher poderia aturar a seu lado um ser desprovido de espírito e sabor?

Quanto a mim, tentava abrandar minhas angústias, mastigando e mastigando analgésicos. Na dia da Descoberta de *Matzeiva** de meu pai, amanheci com dores e azias tão agoniantes que não pude sequer ir até o cemitério (aliás, durante largos anos esquivei-me de conhecer aquele túmulo; era só uma pedra, afinal). Ocorreu-me que seria bom procurar doutor Rosenblatt, o neurologista amigo da família, o único que pudera, com segurança, diagnosticar o mal de meu pai, e, portanto, o único médico na face do globo em quem confia-

*Descoberta de *Matzeiva*: Inauguração da lápide tumular, que ocorre um ano depois do enterro.

ria pelo resto de meus dias. Revirou-me, mexeu-me, auscultou-me, encheu-me de exames e, por fim, confirmou o diagnóstico que eu mesma me atribuíra — o espírito me doía no corpo sob a forma de enxaquecas. Prescreveu-me exercícios físicos, mais analgésicos e remédios para acidez estomacal. Continuei, portanto, a mastigar analgésicos e analgésicos e agora, também, pastilhas antiácidas.

De tudo fica um pouco

A bem de continuar esses pequenos relatos, mas antes de fazê-lo, cumpre dizer que dois fatos primordiais regem a vida judaica: o *guisheft* — o negócio, geralmente uma pequena casa comercial, que, ao longo dos séculos, tem garantido a subsistência familiar —, e os filhos, alegria na juventude e amparo na velhice. Dessa maneira, o primeiro impulso de um judeu é o de lutar pela posse de seu nariz: ou bem estuda, torna-se um profissional liberal, abre um consultório ou escritório — e dá uma passada nos finais de tarde no negócio dos pais para saber como foi o movimento do dia —, ou bem herda o *guisheft* que pertence, e sempre pertencerá, à família.

Meu pai, cuja herança ficara bem para trás, em terras da Bessarábia, não teve outra alternativa senão a de começar ele mesmo um legado inverso, aquele que ajudaria a sustentar meus avós, o folgazão do meu tio, e os filhos que ele, meu pai, tanto queria ter. Como meu avô se dedicasse ao comércio de gravatas e algumas outras prendas menos nobres, e como meu pai tivesse inquietudes que não cabiam na atividade de mascate e que antes se relacionavam muito especialmente à descendência, obrigou-se desde cedo a estudar; bem cedo já era contínuo, bem cedo já se tornava escriturário, bem cedo já era guarda-livros, bem cedo erguia uma casa para os seus, bem cedo já negociava terrenos, bem cedo já era construtor. Exitosa a empreitada do filho mais velho, meu avô abandonou a mala de couro gordurenta e os lamentáveis panos coloridos, gastando as tardes a praticar em iídiche com os outros velhos no Bom Fim; minha avó, na ampla cozinha em que vivi parte da infância e que dava frente para a Fernandes Vieira, preparava os caldos e *knishes* para a janta da família (pouco convivi com meus avós; quando tinha dez anos foi-se minha velhinha; um ano depois disso, no dia exato da Descoberta de *Matzeiva*, faleceu meu avô, ao chegar em casa vindo do cemitério. "De tristeza", disse meu pai, palavras que o assombro de uma criança jamais esquece). Meu tio, perdida a perspectiva de mascateagem, foi improvisado como sócio da construtora. Pronto, meu pai se adonara do próprio destino e acomodara os seus. Nesse ponto, tudo voltava ao começo — os filhos, que segundo seus planos haveriam de ser muitos, teriam de tocar adiante o *guisheft*, completando ao grande e ao completo o círculo da existência.

Faltava, no entanto, o arremate dessa história de vida: com tanto empenho em fundar e solidificar, ainda não ocorrera a meu pai a delicadeza dos amores. Banalidades acontecem, e aconteceu de conhecer minha mãe numa festa. Logo namoravam, logo noivavam, logo casavam, logo minha mãe engravidava do sucessor na construtora — o primeiro filho seria um menino, Deus não ia recusar-lhe essa virtude. Nasceu-lhes uma menina. Ele, pasmo que a Providência lhe houvesse negado um varão, não se deu por achado: chamou a filha de Clara, homenageando uma misteriosa tia falecida. E decretou que a primogênita iria sucedê-lo na construtora. Melhor: casando-se a menina Clara, podia destinar ao genro uma participação na empresa. Por que não?

E talvez porque pouco me agradassem as imposições, talvez porque minhas habilidades motoras não chegassem à sofisticação de traçar uma reta à mão livre, talvez porque depois de mim tivessem vindo ao mundo mais dois irmãos, talvez porque justamente eu houvesse herdado as inquietações de meu pai, talvez porque eu quisesse decidir algo por mim mesma uma vez na vida, talvez, talvez, talvez, eu me resolvi pela faculdade de jornalismo.

— Jornalismo? — perguntou-me o ser mais atônito e decepcionado sobre a face do globo.

Enfrentava-o, e não me sentia muito à vontade com isso. Deus sabe o que me custou ver os sinais da esperança malograda naquele rosto. Meu pai tinha dessas: prodigalíssimo quando acatado, aborrecidíssimo quando contrariado. Algumas vezes, poucas, eu discordara de uma que outra decisão, enfrentando, orgulhosa e no mesmo tom, o ar de supremacia. Para meu máximo desapontamento, e sem que eu pudesse prever como, o tempo e os fatos sempre vinham tapá-lo de razão. Ou quase sempre — afastar-me de minha companheira de adolescência foi um dos grandes equívocos perpetrados em nome do siso. Mas isso, o resultado mais lastimoso do excesso de diligência, meu pai não pôde presenciar, e ele seguiu, no tempo em que viveu, sendo o grande Norte. As pequenas e continuadas vitórias da experiência contra o ímpeto em nada o envaideciam; antes, como agora, pareciam amargurá-lo a ponto da exasperação. Pensando nesse passado de contínuas derrotas, e tendo aquela pasma cena à minha frente, fraquejei por um instante, bem o confesso. Mas num lampejo entendi que era justamente a fraqueza o que ele esperava de mim. Retomei as rédeas do assunto, insistindo nas minhas vontades — antes que delas eu desistisse, como já havia desistido em épocas pretéritas. Arrazoei: se eu tanto gostava de escrever, o que ele esperava de mim?

— Mas e quem vai cuidar da construtora? — O espanto desfigurava a expressão de uma maneira impressionante.

Calei-me no respeito àquela angústia e para ganhar algum tempo. A construtora? Os meninos cuidariam da firma, arrisquei. Vergastado pelos sentimentos meu pai acendeu um cigarro. Continuei de pé, os nervos me tremendo, o arrependimento rondando. O rosto dele tornou-se lívido, depois sangüíneo, depois quase triste; lembro-me da longa, longuíssima tragada no Minister, o brilho revoltoso apertando-se entre as pálpebras, o desafio pairando nas sobrancelhas quase unidas. E, vestindo de novo a autoridade que eu quase lhe roubava, impôs:

— Muito bem, jornalista, que seja. Mas a melhor que houver. A melhor. Estamos entendidos?

Avaliei a extensão da enrascada. Não havia volta. Restou-me baixar a cabeça em submissão. Ele, transformando minha bravata em bazófia, repetiu:

— Estamos entendidos, mocinha? — E, sem esperar resposta, levantou da mesa e trancou-se pelo resto da noite no gabinete.

Fiquei ali estacada, pensando na conversa e na frustração de meu pai. Bem sabia que ele ainda esperava que eu mudasse de idéia. E esperava mais: que eu esquecesse meus afetos passados, que eu arranjasse um marido, que meu marido trabalhasse na construtora, que tivéssemos filhos, que os filhos herdassem o negócio, e assim por diante, séculos afora. Nunca tivera coragem de declarar que casamento era minha última intenção sobre a face da Terra, disso ele desconfiava. A minha falta de coragem era devida à exata noção de que, mais do que com meu casamento, meu pai sonhava com os netos que eu pudesse lhe dar; os netos, filhos com mel, serezinhos cândidos que ele levaria a passear aos domingos e que ninaria com acalantos em iídiche. E com que direito eu poderia negar a meu pai um sonho tão legítimo? Talvez, em verdade, isso fosse um desgosto que ele, pela intuição certeira, sempre antecipara e que nunca chegara a declarar. Quem pode dizer?

Seis meses passados desde aquela conversa, e os fios de uma cruel expectativa conduziam minhas noites e meus dias: o que me faria *melhor*? Vieram meus exames de vestibular, talvez ali eu tivesse um bom sucesso. Meu alívio se deu com a notícia de que havia me colocado, dentre não sei quantos candidatos, em primeiro lugar. Meu pai conteve as expressões de orgulho: com aquelas notas poderia muito bem cursar Medicina. Não pude dar atenção aos resmungos porque para mim aquilo era o início de tudo: eu era a melhor de muitos. Depois do almoço, antes de sair para o trabalho, o pai, como de costume, beijou a mãe e os meninos; ao despedir-se de mim, abraçou-me e, afastando-se, despejou-me, enfim, um olhar satisfeito e comovido. Como de hábito, entendi o gesto: sim, eu era a melhor e ele se orgulhava muito de mim.

Porém, sem mais aviso, vi o solo se fechar sobre o corpo de meu pai. Ao lado do sentimento de que o mundo me traía, surgiu outro: o de que cumpriria a promessa, sempre, em tudo o que fizesse. E para cumpri-la era necessário vencer os dois semestres que me separavam naquele momento da conclusão do curso. Se já era difícil enfrentar o mundo sem o conforto daquela dulcíssima presença, tanto mais penoso era me dedicar às exigências dos estudos, ainda mais agora que as dores de cabeça eram praticamente diárias. Algo maiúsculo, porém, começava a estimular-me naquela época: mesmo que a existência se me apresentasse vazia, mesmo que um grande sofrimento físico se me impusesse, era como se em cada coisa restasse um pouco de meu pai e do sentido sábio e cínico que ele conferia aos disparates cotidianos — em especial os disparates que rondavam as mãos ímpias de meu tio. Restavam, sim, coisas de meu pai, e não só no formato de meu queixo e nos olhos de meus irmãos. Assim, empurrados pela velada presença, aos meninos tocavam as aulas no colégio, à minha mãe tocava a organização da casa, e a mim, bem claro, tocava garantir aquele diploma.

Aos poucos, um grande, grandessíssimo alívio me contemplava a alma: mais e mais aquele encargo mitológico, o de cuidar de meus irmãos, parecia peça de retórica, algo que não se estendia à vida prática, e que se restringia ao terreno dos afetos e às correspondentes palavras de estímulo. Logo, em pouquíssimo tempo, Hersh cumpria os exames vestibulares para Engenharia Civil, com lógicas intenções de seguir a carreira do pai e de engajar-se no negócio que meu tio rapinara. Meu papel, nessa época de estudos intensos, era o de ajudá-lo com regras de acentuação, regência de verbos e outras particularidades da língua nas quais ele mostrava tanta habilidade quanto eu traçando uma linha reta. As noites livres transcorriam na mesa da copa, livros e cadernos amontoados, aspirinas, maalox, cigarros, copos e jarros de água. Hersh no desespero dos vestibulandos, eu tentando ensinar alguma coisa que amava e que, portanto, me havia chegado muito mais por intuição do que por apego às regras. Para meu desconsolo, as inquietações de meu irmão passavam ao largo do emprego da crase; ele tinha crença absoluta na existência de Deus e extrema desconfiança com relação aos acentos graves, duas atitudes que, em mim, pareciam ter exatamente o valor oposto — eu já quase me rendia às características inefáveis (e por isso mesmo divinas) da contração da preposição *a* com a forma feminina do artigo definido, e com a mesma intensidade e em sentido contrário, me afastava de Deus e daquela postura crédula e devota a que havia me proposto não fazia muito. De qualquer sorte, conhecendo ou não os desígnios da crase, Hersh conseguiu uma média excelente em Português e Literatura, a exemplo do que aconteceu em todas as outras matérias. Dali a um par de anos, Jankiel também se prepararia para a faculdade, e eu estava segura de que voltaria a me confrontar com essas questões, e com a mesa da copa virada num campo de guerra.

Numa calorenta noite de verão, finalmente colhi das mãos do diretor da faculdade o papelzinho em forma de canudo que me prometia o diploma. À saída, e ainda tentava me desvencilhar da toga, fui atalhada pelo paraninfo da turma, editor de economia num dos grandes jornais da cidade.

Ouvi:

— Clara, gostaria que você viesse trabalhar conosco no jornal.

Enovelei-me ainda mais na veste, embaralhada com o convite. Ele poderia me dar algum tempo para pensar? "Em quê?", ele quis saber. Ora, como é que eu poderia decidir assim da noite para o dia? "Se há o que pensar, pense e decida." E me deixou ali, plantada no absurdo da surpresa.

Senti um braço cingir-me o ombro. Era meu tio, em gesto paternal. Um grande ódio açoitou-me: com que direito meu pai me faltava justo numa hora daquelas?

Para que serve o livre-arbítrio?

No dia seguinte ao da minha formatura e do convite de trabalho, apesar das comemorações armadas por minha mãe, acordei muito cedo, com a competente ressaca prendendo minha cabeça ao travesseiro. Ineditamente, não sentia nenhuma dor, apenas aquela sensação de ter o oco do mundo dentro do crânio. Fiquei um bom tempo na penumbra, analisando o branco do teto, a abóbora de vidro soprado que me servia de lustre. Sabia que o professor esperava uma resposta minha, preferencialmente positiva, e que aquela era a chance caída dos céus com a qual todos os formandos sonhavam. E por que eu hesitava? Que outra oportunidade poderia se apresentar? Não era aquilo o melhor que podia acontecer? E se eu, como tanto quis meu pai, fosse trabalhar na construtora? E se telefonasse para tia Raquel? Mas o que poderia ela palpitar, a pobre? Outra encruzilhada, e eu já me acostumava a conviver com elas. Eu tinha liberdade de escolher entre o sim e o não, bem sabia. Era a hora de fazer uma escolha, mesmo que isso significasse anular uma porção de outras opções igualmente possíveis. Ressacas e decisões nunca combinaram.

Cansada de olhar para a abóbora de vidro soprado — decoradores são mesmo dados ao delírio —, resolvi me juntar ao resto da família. Àquela hora os barulhos da casa haviam começado e eu estava confiante de que daria com a mesa posta, meus irmãos com cara de sono, a mãe reclamando do atraso dos dois. Talvez pudessem ajudar na decisão, muito embora eu soubesse que a tal decisão nada mais era do que uma minúscula e solitária contingência da vida adulta. Sem nem escovar os dentes, fui até a copa. A mesa estava posta como de costume: pães, manteiga, queijo e, numa travessa à parte, o meu presunto. Meus dois irmãos e minha mãe sempre tiveram asco a carne de porco; eu e o pai, contrariando os milênios de proibições, saboreávamos salames, mortadelas, lingüiças, patês, deliciando-nos, inclusive, com a cara desgostosa do restante da família. O pai bem que tentara dissuadi-los, explicando que um pedaço de toucinho não ia fazer mal a ninguém; eles, apesar disso, se mantinham a distância, e minha mãe, a bem de aplacar a ojeriza dela e dos meninos, fazia vir à mesa os fiambres naquela disposição um tanto preconceituosa.

Na mesa habitual, portanto, Hersh ocupava o lugar que ficava junto ao armário da copa; a seu lado, de costas para a porta que dava acesso ao estar íntimo, Jankiel se atirava numa fatia de pão. Minha mãe preparava seu chá de todos os dias, naufragando vez que outra o saquinho de Lipton's na água fumegante, atenta para que nada faltasse à refeição, dando ordens à *chicse** que bulia na cozinha. Os meninos se alegraram com minha chegada. Jankiel, alçando a taça de café, propôs um brinde à jornalista; Hersh e minha mãe logo se juntaram à cerimônia, chocando as louças com diversão. Lembro que, passada a algazarra, todos voltamos os olhares para

---

**Chicse:* moça não-judia e, por extensão, usado para designar a empregada da casa.

o lugar vazio da mesa. A cadeira em que se sentava meu pai continuava ali; pouco mais de um ano e nenhum de nós havia dessacralizado a disposição dos lugares. Naquela hora, tive imensa vontade de que ele aparecesse, que comemorasse o sucesso da filha mais velha com o orgulho dissimulado, mas sólido, que sempre sentira; principalmente, precisei que ele estivesse ali para me perguntar por que eu não concordara de pronto com o oferecimento do professor. Minha mãe, numa quase exclamação, resumiu os sentimentos da hora: uma pena que o pai não possa estar conosco. Uma pena, repeti.

Tomei o café com amargura, desprezei o presunto e, logo depois, telefonei ao professor. Aceitava o trabalho de bom grado, era evidente, quando podia começar? Do outro lado da linha, ele dizia que eu passasse para conversar ainda de manhã, será que dava? Claro que dava, respondi, e fui correndo me arrumar. Antes de sair, comuniquei a novidade ao resto da família, sem omitir o fato de que o convite me fora feito na noite anterior. Todos se alegraram, e muito. Como ninguém perguntou por que eu não aceitara de imediato o trabalho, nunca soube direito a resposta. O que me detivera até aquele momento?

Em menos de uma semana, já era íntima da baderna da redação. E, dentre as amizades que fiz ali dentro, uma delas me alegrava sobremaneira: Natália, uns dois anos mais velha do que eu, olhos claros, dentes brancos.

O enredo dos encontros

— Clara, você está apaixonada?

Paixão?

Olho para Natália, sentindo o abismo da palavra me doer aqui, no estômago, o coração pulsando na garganta; um zunido me cega por um instante; mas só por um instante, logo pisco os olhos e me afasto dos espelhos em que fui colher meu terror. Volto: estamos de pé, no bar da redação, à beira dos nossos cafés. Retomo a conversa, é necessário, ainda que a palavra percuta sem esvanecer. Minha reação, já que voltei a mim, é devolver a xícara ao pires, provocando um cataclismo na louça branca; pergunto, tentando ser casual, de onde ela tirou uma tal idéia. Natália ainda tem a doçura da palavra nos olhos: olhos melífluos e aguados que há meses, reparei, me espionam de viés. Belos olhos tem Natália. O nariz é reto, quase não combina com a boca muito tenra, algo lasciva. A boca que articula:

— É aquele rapaz, não é?

Aquele rapaz.

O rapaz em questão é Vítor. Comentara com Natália: conheci-o há algumas semanas, num desses enredos banais: o coquetel de lançamento da última grande incorporação da construtora. Já escutara alguns comentários a seu respeito — recém-contratado da empresa, meu tio não se cansava de louvar-lhe o talento e as boas origens. Sim, Natália sabe, ele vem me telefonando com alguma insistência, saímos um par de vezes. Um bom rapaz, afetuoso, arquiteto aplicado, feliz com suas plantas baixas e réguas-tê. Bons sentimentos, todos inocentes, é o máximo que ele me desperta, creio. Mas paixão?

Paixão?

Onde ela foi cavoucar tal idéia, o sentido inequivocamente exato, muito mais exato do que o labirinto que ela nomeia? O labirinto da paixão, a laboriosa arquitetura de passagens estreitas; a cegueira e o sufoco. Tal incendiamento não me assalta há anos, muitos, tantos que nem quero me lembrar. Eu roí as unhas, me esquivei, fugi, bati a porta, passei o ferrolho, tapei a cabeça, esmaguei o travesseiro.

Paixão?

Eu espetei o dedo na cara da paixão em desafio, coloquei na mesa, não me pega, não me pega; não me pega nunca, não de novo. E isso faz tempo, nem me lembro quanto. Lembrar para quê? Para me lembrar da paixão, teria de percorrer em caminho inverso um daqueles labirintos de meu passado, portas caminhos, passagens, eu cega ao entremeado de espelhos copulativos, orientada pelo tato, os ombros batendo no espaço restrito até a desdita massacrante. Sei o que existe, eternamente, ao final desse dédalo maldito: as costas de uma mulher, o movimento de ir embora refletido no perpétuo. E para que, então, multiplicar-me a mim mesma, novamente, no arranjo alucinante dos espelhos? E geraria que qualidade de ser, desta vez, o labirinto? Inútil, inútil a reprodução onde existe a multiplicação. Não, não é ela novamente; estou segura que não.

Mas e o rapaz? Sim, claro, me interesso por Vítor, uma criatura mesmo esperta, de alguma ironia e sentido de humor; talvez um pouco diferente dos outros rapazes judeus que conheci. Mas é um interesse de caráter parcimonioso e contido, ameno e tranqüilo; nada de balbúrdias e chagas e destruição; principalmente nada de reflexos.

Uma grande, grandessíssima curiosidade me abate por fim. Natália é de poucas falas, só os olhos instintivos são de declarar alguma coisa: por que ela pensa aquilo? A pergunta me sai tremida. Ela brinca com a colher, redemoinhos no líquido escuro, os temores em circunvoluções. Por fim, levando a colher à boca, sorri, o alvor das pérolas tilintando contra o metal, e diz que é simples palpite, eu não me preocupe tanto.

Desconcertada com a resposta, dou-lhe passo e sigo-a redação adentro; as costas cobertas pelo gracioso dos cabelos acastanhados. Por que sempre pelas costas? Um rastro doce de flores depois dela: *Eau de Patou*. Antes de sentar-se ela pára, dá uma volta rápida com a cabeça, pergunta se não vi a cópia do teletipo. Pega-me desprevenida, tonta de dúvidas. Dá-se conta, e enquanto procura ela mesma nos meus papéis a tira carbonada, volta a dizer que tinha só um palpite com relação ao rapaz. Mesmo assim, aquele assunto me detém. Penso: tenho meus vinte e três anos, uns mirrados namoricos aqui e ali, tragédias forjadas em bocas incompetentes e corpos igualmente. Nada da voragem dos meus dezesseis anos. Absolutamente nada. O que tem sido a minha vida até aqui? E meus companheiros, quem são? Encontros de um, dois dias, gozos furtivos, antes espasmos que mais me inquietam do que me acalmam. Depois um gosto impotente, depois eu mal dentro da minha própria nudez, depois uma vontade maluca de reverter a seqüência das coisas e o andar das horas. Com esse rapaz jamais testemunhei incômodo parecido; nossas mãos apenas passeiam pelas toalhas das mesas dos restaurantes, visíveis e imaculadamente fraternas, longe de nossos corpos. Uma amizade que se alonga por duas semanas. Amizade, bem entendido. É claro que apreciamos a companhia um do outro, somos dois bons parceiros de conversa — ele fala e eu escuto; um arranjo perfeito. E Vítor me traz novidades: é fascinado por arquitetura funerária — o que me espanta um pouco —, por política — está animado com o programa do Partido dos Trabalhadores —, por comida italiana — levou-me a duas cantinas em menos de uma semana. Tem uma alegria sincera e constante, que, em contraste com o que nos outros pode parecer gêmeo da tolice, nele me enternece ao ponto do contágio. E os olhos, esses têm o dom de contradizer a palavra: de esguelha, abundantes, o tom certo da ironia. E sinceramente azuis.

Pensando em tudo isso, o gatilho das tais cefaléias dispara. Acabo minha matéria e me despeço de Natália. Vou direto para casa e, nem bem giro a chave na fechadura, o telefone brame sua pressa. Vítor anuncia-me que deve ficar até mais tarde na construtora, não podemos sair como previsto. A idéia me entristece, que fique bem claro; não é paixão o que eu sinto, mas ele começa a me fazer imensa falta.

Às oito horas, sento-me à mesa do jantar, os latejos nas têmporas mais e mais perseverantes. A campainha soa e me inquieta: tio Samuel, mais uma vez, vem participar da refeição. Minha mãe acode numa diligência descabida, ajuda-o com o paletó, entroniza-o no único lugar ainda vago à mesa — o inviolável. O ódio voluteia e me dá ânsias, o usurpador compartilhando a mesa de minha família. Antevejo o trágico desfecho, é certo que mais e mais ele saqueará nossas vidas. Hersh e Jankiel, tolamente famélicos, nada percebem, nada vêem, nada dizem. Minha mãe mima o cunhado com a larga porção de *guefiltefish*. Os dentes mascando as preciosas almôndegas de peixe, goles de vinho sorvidos em talagadas, ele fala com repugnante insistência de Vítor: um ótimo arquiteto, nem se incomoda de ficar trabalhando até altas da noite, você sabia, Clara, que o avô dele era rabino? Minha mãe se excita com a novidade e comenta que tenho saído com o rapaz, não é mesmo, minha filha? Faço que sim com a cabeça e, na primeira brecha, peço licença, a dor está me matando. Dou de mão num copo d'água e duas aspirinas e me recolho ao quarto. Ali fico um bom tempo tentando esconjurar a dor e os meus pressentimentos. Aos poucos, alivia-se a cabeça; muito aos poucos. A angústia dos presságios, no entanto, continua ali. Penso que devo dormir.

A bênção do sono tarda. Muito me reviro na cama, o entorpecimento apenas faz com que a cabeça me pareça inchada, sem que o repouso me acuda. A casa está em silêncio, completo e fundo. Concentro-me na abóbora de vidro soprado, e ali na penumbra desenhada pela fluorescência que vem da rua o bosquejo de um rosto surge. Se a princípio é a figura de Vítor que eu suponho, outra imagem sobrevém. Triste, o segundo rosto; triste e antigo. Uma assombração dos sentidos, uma lembrança que eu não quero, mas se impõe. Tento a estratégia de recortar os rostos; quero, sem entender por quê, mas com a vontade da agonia, capturar os olhos, a boca, o nariz, os cabelos ruivos, os traços de Vítor, recolhê-lo da confusão em que se esvai. Ele se dilui em sombras, derretendo-se numa transfiguração inevitável. A tentativa de mantê-lo em minha mente é o mesmo que nada e me gera a aflição da impotência, rematada impotência: de repente, as costas de uma mulher, os cabelos castanhos como uma vestidura de estrelas, um rastro doce de flores; temo que ela se volte, que me dê a conhecer o rosto que, no devaneio, ocupa o lugar dos outros dois que até há pouco ali pairavam. Não, não quero os olhos inquietos, não quero a boca de carnação branda e efusiva; é o começo do desespero o que me transtorna. De repente, as imagens se substituem, e o fascínio me ocorre: gloriosa e inevitável, a figura querida define-se, radiando na pouca luz. Agora, o rosto de mulher, fresco, jovem, abençoado, me acontece dentro da mesma força com que o arrojei a um ansioso e vão esquecimento. Eu, enfim vencida por mim mesma, cedo à imagem de Ana. Vêm os modos, a graça, as ardências, os passos de andar enganchada com o ar, o som do riso, os seios brotando com despudor. Tudo tão irresistível a ponto de me enternecer. Só há, então, uma saída para o sossego que a insônia me roubou.

Adormeço entre prazer e angústia. Nas mãos, um cheiro que é meu mas que, tão bem recordo, é também igual ao dela.

Quando soassem os primeiros acordes de Mendelssohn, os convidados levantar-se-iam a bem de reverenciar a solenidade do momento. Mas isso só quando ouvissem Mendelssohn. Por enquanto, esperavam.

O decote descia da metade dos ombros até quase a linha dos seios, deixando à mostra as saboneteiras salientes; nas costas, mergulhava profuso, interrompido de súbito pela mesma banda que cortava a cintura, presa então por um laço feito ao acaso. Atavios de cetim franziam as mangas fofas, prendendo-as quase junto ao cotovelo; a partir do busto, um trabalho suave de artesanato intrincara fios de seda, tramas gráceis e quase imperceptíveis, onde minúsculas pérolas estremeciam de cores. Ali, na cintura, da banda de tecido brilhoso, nasciam várias saias de organdi, que sobrepostas formavam um conjunto denso e ondulante. Sob este arranjo, os sapatos, forrados de cetim, não existiam: somente se podiam ver os bicos finos assomando a cada passo. O rosto de Clara, livre da moldura dos cabelos, parecia mais jovem e resplandecente. E assim resplandeceria, até que descesse o véu que lhe ocultaria as feições.

Finalmente, os acordes da marcha nupcial trovejaram pela sinagoga. Clara ergueu o queixo, arrumou o buquê entre as mãos. Deu um passo, o primeiro. Os convidados levantaram-se, provocando um pequeno tumulto.

Vítor a esperava junto ao pálio coberto de flores; esperava com a satisfação de quem espera aquela que será sua esposa.

A história sob todas as coisas

Eu estava casada.

Assim, o apartamento onde passamos a morar era cheio das mimosuras ordenadas pelo capricho. Apesar de surpreender a todos com nossa decisão, ajeitamos os detalhes com a vigilância entusiasmada dos jovens casais: quadros nas paredes, violetas na janela da área de serviço. Os lençóis, eu havia providenciado, eram brancos, antigos de tão brancos. Cômodas *bombées* ladeando a cama de ferro fundido e, na parede oposta a este conjunto, um armário tomava conta de todo o espaço com suas seis portas de puro jacarandá; cheirava a cera e óleos essenciais, a boa madeira. Na sala, um grande tapete, presente de meu tio, coloria-se de sua nobre origem; sobre ele, a mesa de vidro servia o sofá adasmacado e as duas poltronas de xantungue. Um aparador de carvalho, encostado à parede sul, guarnecia a pequena mesa de jantar; quatro cadeiras, laca marfim, estofadas em tecido brilhoso. A pia da cozinha, revestida de granito, destinava-se aos caprichos culinários de meu marido — dado a especiarias e ervas esquisitas. Na área de serviço, tanque, aquecedor, máquina de lavar, de secar, um varal retrátil; na janela, as violetas, gordas, encharcadas pela luz da rua. Nossa casa, enfim.

Nossa casa. Plural.

No entanto, os lençóis, a cama, o quarto, a sala, a cozinha, a área de serviço, tudo tinha o perfume amadeirado de Vítor. Sabonete, espuma de barba, loção, água-de-colônia: o cheiro se propagava pelo corredor, pelas escadas, pelo automóvel; pelas instâncias da minha vida. Agora, Vítor se conjugara dentro dos meus dias, verbo da minha história. Custava-me avaliar o fato; entender a trama daqueles poucos meses passados desde que o conhecera. Custava-me muito, embora fosse preciso pensar no rol dos sentimentos. Minha vida inteira sempre foi a busca de sentidos; poucos os meus achados.

E como cheguei a me casar com Vítor?

E como, pelos céus, uma moça não quereria casar-se com Vítor? Tudo nele participava de uma natureza jovial e branda, que se dava a conhecer pela voz cheia, mesmo abaritonada, pela gesticulação parcimoniosa e pelos olhos de cor funda e sincera. Por vezes, figurava-me que ele fora educado no exercício de domar as manifestações da fala e do corpo; apenas os cabelos, ruivos de cobre, resistiam à disciplina, caindo em mechas que ameaçavam a visão dos fios claros das sobrancelhas. Um ágil sentido de humor completava essa figura de beleza quase feminil, revivendo em mim sentimentos prazenteiros que eu julgava já extintos. Por três meses nos acompanhamos na docilidade de jantares e cinemas; por três meses fui envolvida pelas gentilezas e pela diversão das ironias. Ríamos, ríamos à toa, felizes de nós mesmos. Para mim, eu que me divorciara do mundo, a Humanidade assim próxima, assim sadia, assim limpa era a máxima redenção. E, dentro da graça e das tolices descomprometidas, não pude perceber antes. Houve algum indício que ele me tivesse dado? Pensando bem, certas vezes os olhos azuis ficaram em mim muito mais tempo do que deveriam. Ou teria sido impressão? Mas o que aconteceu certamente incluiu pistas que eu não soube, ou não pude, compreender.

Lembro-me da noite em que saímos para jantar, a caixinha que ele tirou do bolso, o olhar cheio de excitação, os dedos erguendo a mimosa cobertura de veludo, os olhos refletindo o anel dourado. O anel dourado, a robusta aliança que ele me propunha, eu sem nem entender o que me sobrevinha, se medo, se confusão, se anseio de que a terra se abrisse e me engolisse em suas paredes tranqüilas. Era aturdimento, só aturdimento. Ou talvez uma vontade de, enfim, destinar-me a alguém e, portanto, de caber naquela proposta. Ele embaraçou-se com minha falta de atitude, baixou o olhar que se tornara úmido, os cílios debatendo-se ferozes: talvez seja cedo demais, ponderou, como que reconhecendo em si a autoria de minha imobilidade. Depois, sem que reação me ocorresse, encarou-me profundamente, as pupilas rajadas de azul entregues a uma ternura irresistível. Disse que eu não precisava responder naquele momento:

— Posso esperar.

Entretanto o gesto desautorizava a palavra: ele segurava o anel entre os dedos em pinça, as polpas cingidas pelo metal.

(Para ti, meu pai, o Enigma já se havia aclarado, e no entanto a mim, tua filha, mais e mais ele me açodava, naquela fúria persistente e cambiante de todos os grandes mistérios.

Por quê, pai, depois de tua morte, perguntas e respostas não mais encontraram correspondência?

Queria, precisava, que os anos que tinhas vivido a mais do que eu sobre este mundo me guiassem. Era urgente, pai. Mas eu, filha tua, pressenti o gesto demorado da cabeça, a aquiescência sem palavras. E ansiei, como quando a glória me cobria, pelo riso folgado dos pequenos contentamentos. O riso logo depois contido. E na retina apenas ficava o resto do riso, o reflexo de ouro de um teu dente. Anos de vida, anos de minha vida teria dado para ver de novo a jóia radiante em tua boca.)

A aliança entre os dedos. Uma onda súbita e inadvertida: como por instinto, como por pressa, como quem não pode esperar, como por entusiasmo, colhi a jóia e, ato contínuo, repetindo o gesto tirânico, lutando contra os nós das falanges, fiz-me noiva eu mesma. Olhei-o; nunca rosto nenhum mostrou tanto amor. A mão procurou a minha, tenteando com hesitação pelo xadrez da toalha. Tocou-me. Fria, aquela mão, fria e branca, intensamente branca. Os dedos envolveram os meus. Eu sem mais o costume dos carinhos, os membros pétreos, travados, duros, eu dizia sim. Ele, acidentalmente impiedoso, repetiu as três palavras consagradas. As três palavras que eu não pude repetir.

(E, contudo, um molar de ouro reluzia.)

Mais tarde, as paredes do quarto pareciam ter suspendido a vida. De fora, apenas a luz de nácar e o ruído fraco das madrugadas. Sentei-me, sonolenta, na cama em desordem e enrolei-me no lençol, a aspereza do cobertor esfregando-se em minhas coxas, o cheiro acre trescalando das sementes. Sentia frio, um frio como se me houvessem descarnado os ossos. A meu lado, no entanto, o corpo manava calor; os cabelos de Vítor colavam-se à testa, encharcados de saciedade. Criatura querida.

Criatura amada? Sentia-me lamentavelmente distante do mundo das paixões. Nunca mais, eu me havia dito. Agora, por certo, iniciava o tempo dos calmores da alma, destinava-me, enfim, a um homem que me amava. Ele havia declinado as três palavras; agora era sagrado.

E eu o amava?

E como eu poderia saber?

Naquela hora, somente ele tinha certezas e, portanto, era o único de nós que podia dormir.

Por aqueles meses que sucederam meu casamento e depois que voltei de minha lua-de-mel, Natália foi promovida a editora-assistente; longe de mim, portanto. Nos víamos quando eu chegava à redação, que era quando batia de leve na porta de vidro e ela acenava sempre atrapalhada de papéis, a boca muda soletrando alguma saudação. Aquele aquário tornara-a agitada, quase arredia, um peixe boiando entre os móveis, metabolismo de um outro mundo. Ao contrário dos meus primeiros meses de jornal, ela não mais gastava tempo com os cotovelos apoiados sobre o balcão do café, antes aquartelava-se tardes dias inteiros naquele tanque de fictícia transparência. Não havia mais conversas, muito menos perguntas, apenas o olhar claro coado pelo vidro que nos separava, o olhar que, muitas vezes, durante o expediente, podia sentir sobre mim e que ela sempre recolhia, assustada, quando eu erguia a cabeça do meu trabalho. Em tais momentos, me consternava: agora, vivíamos em elementos diferentes. Natália não era mais a mesma. E eu, o que era?

Eu era o ser observado pelos olhos de vidro e amaranto.

Começou às duas da tarde. Talvez passado um pouco das duas, não importa, não é questão de ser precisa. Os pontos brancos haviam reinado pela manhã, fulgurações que eu tratei de eliminar, em vão, com um par de aspirinas. Depois nada mais houve. Quando aconteceu alguma coisa, foi uma ferroada extremamente aguda na base da nuca. Com o vigor do agulhaço, a espinha deixou de sustentar o corpo e, por uma mínima fração de tempo, perdi comando de meus sentidos. Ainda pude sustentar a testa com as mãos, mas no movimento mil esferas de chumbo escoaram-se do centro do cérebro chocando-se, uma depois da outra, contra os globos oculares. Um amargor me subiu pela garganta, os ouvidos explodiram em labirintos de zoeira. O jornalista da mesa ao lado perguntou se estava tudo bem comigo, pude ouvir a voz distante. Nova golfada candente me veio desde o estômago e, dessa vez, o calor fugiu do corpo. As pernas amorteceram, os braços bambearam sobre o eixo dos cotovelos. As indagações todas se precipitaram, o peito contraiu-se em tensão de angústia, o ar sumiu da minha volta:

eu ia morrer.

E nesse desespero de imediato, muito embora as bolas de chumbo refluíssem no movimento de voltar, busquei o aquário. Os olhos de vidro e amaranto se abismavam.

A sucessão de tortura foi eficiente e rápida, tão rápida que ninguém chegou a tempo de acudir meu desfalecimento. Num segundo, o mundo veio abaixo e tudo se desmontou num vazio escuro. Em seguida, uma membrana negra tapou-me as pálpebras; por mais que me esforçasse, a luz negava-se aos meus olhos. O queixo e o pescoço esticavam-se tracionados, e a maçã do rosto recebia o frio da superfície onde estava apoiada. Quis suplicar ajuda, mas a palavra morreu-me sem pronúncia. Como me agitasse o desespero, supus que me estava por ir, e dentro desse embate, desejei com ardor ver um rosto, o mesmo rosto remoto e triste de várias das minhas noites; quis mesmo dizer-lhe o nome, doçura única que me ocorria. Em vão, sempre em vão, pois mesmo o polpudo nome de fruta se finava na secura dos lábios. Mas logo senti as costas apoiadas e seguras, a calidez de dedos apertando minhas mãos. Pude, enfim, abrir os olhos, mas a luz bárbara me incomodou. Um rosto se interpôs sobre o meu, interceptando o claror das fluorescentes. Aos poucos, mas sempre como se estivesse imersa em água e sofresse os efeitos impressionantes da refração, pude distinguir os traços; não: antes adivinhei a dona daqueles olhos — eram os olhos de vidro e amaranto. Com essa imagem, aquietei-me, compreendendo que Natália viera em meu socorro.

Como se um poderoso sistema de lentes agisse, gradualmente o mundo voltou a compor-se em imagens afinadas. Ao mesmo tempo, os sons, que antes imitavam a fantasmagoria de um concerto tocado embaixo d'água, tornaram-se límpidos e precisos. Eu já podia viver. Natália amparou-me até o carro.

O roteiro necessário: hospital, pressão arterial, eletroencefalograma, eletrocardiograma. O surpreendente: nenhum — absolutamente nenhum — resultado fora da normalidade. Restava-me então, no dia seguinte, uma só alternativa:

o consultório do neurologista

— Qual das pernas está mais alta, a esquerda ou a direita?

Médicos, eu sempre os detestara. Obstinados anatomistas, prosélitos amarrados à seita do fracionamento: um pulmão, um rim, um estômago, esse o alvo de suas delícias, como se os órgãos não estivessem dentro de um corpo e como se eles próprios não se conformassem univocamente. A única e genial exceção era o doutor Rosenblatt, esse senhor de pele trigueira e acento estrangeiro, que me atendia desde a infância. Resfriados, febres, tosses, dores de barriga, fosse o que fosse, lá vinha ele a bordo da malctinha de couro; corria-se a providenciar a cadeira da copa, que ele mesmo colocava junto ao leito do paciente. Ali, conversava e conversava, contava histórias, ria; só depois parecia lembrar-se do que deveria fazer e, abrindo a milagrosa valise, tirava estetoscópios, termômetros, espatulazinhas. Um amor. Depois, no episódio da doença de meu pai, quando todos se idiotizavam com os truques das células, foi o único a ter uma sentença tragicamente segura e o primeiro a aconselhar-nos a buscar ajuda em algum centro maior. Tempos mais tarde, um dia depois da cerimônia de inauguração do túmulo, à qual sequer pude comparecer, eu mesma o procurara; as dores de cabeça e as azias já começavam a me paralisar. Daquela feita, o diagnóstico coincidiu com meus palpites: a sabedoria mandava esquecer mas o corpo não entendia.

Mas naquele estágio da atual consulta, eu já me fartara daquelas charadas. Talvez, pensei, talvez tivesse sido melhor permitir que Vítor me houvesse acompanhado. Quanto tempo fazia que o doutor Rosenblatt me torturava de corrupios, perguntas, saltitos, perguntas, auscultações, perguntas? Resignei-me à minha condição de paciente: qual das pernas estava mais alta? A direita, era óbvio, e foi o que respondi. Ele voltou a colocar as duas pernas juntas, os calcanhares unidos, eu deitada naquela posição inútil, a cabeça sem nem o conforto de um travesseiro, o plástico nas minhas costas teimando em pegar-se ao corpo.

— Uma ponta ou duas pontas, certo? — E me exibiu em triunfo um instrumento de metal, delgado e longilíneo, que se bifurcava em duas hastes pontiagudas. Ele estabelecia as regras de um novo jogo. — Não pode olhar — arrematou.

Não atinei de imediato o que ele queria que eu fizesse, tardei um pouco até descobrir que ele pousava sobre mim aquela pinça, ora me atingindo com uma das pontas ora com ambas, lançando um olhar tenso para o lugar pressionado, ele inteiro à espera do desempenho de meu papel. Que era, claro, o de declarar quantas alfinetadas eu sentia. Sem nenhum esforço identificava a pressão das extremidades nos ombros, na barriga e nas pernas. Uma ponta, duas pontas, uma ponta, duas pontas, uma ponta duas pontas uma ponta duas pontas, fui repetindo até me dar conta de que podia declarar antes mesmo de sentir: a alternância era dramaticamente previsível.

— Quantas pontas? — o sotaque exagerou a inquietude, olhos fixos ao alto, presos no vértice das paredes.

Algo dera errado, no teste ou em mim. Concentrei-me e senti a pressão aguda do metal na minha perna direita. Duas pontas, certifiquei-me e afirmei com efeito definitivo. "Muito bem", animou-se ele, enfim. Com inquietude, percebi que confiara demais na previsibilidade, que cedera à suposição de entender todas as variáveis; ele havia me testado da mesma forma — duas pontas — em seqüência consecutiva. Eu errara mais uma vez ao tomar as coisas por garantidas. Nunca funcionara e nunca funcionaria. Por que teimava tanto?

— Alma de poeta — declarou ele, ajudando-me com um dos sapatos que fora parar justo debaixo da mesa de exames.

Alma de poeta? Que novidade era aquela?, insisti em saber. Ele sentou-se e, com paciência, começou a descrever as causas possíveis daquele infortúnio, a humanidade padecendo de enxaquecas, desmaios e palpitações. Escutei com algo de agastamento, era praticamente a mesma aula do passado, agora com outros tons. Propus: quem sabe eu não tinha um tumor? hipertensão? hipoglicemia? Ele riu com desbragado prazer e, maldoso, girou o indicador em torno da orelha, o que acabou com minhas chances de conseguir uma perspectiva de diagnóstico com bom nome. Veio o tiro de misericórdia:

— Alma de poeta. *Mishigne*, entende?

Entendia as duas coisas, em português e em iídiche. Claro que a versão, digamos, familiar do diagnóstico — muito pouco técnica, bem menos romântica e muito mais precisa do que em português — soou-me angustiantemente persuasiva.

Eu estava louca. De atar em poste.

— Não, não é loucura — suavizou. — Você sempre teve alma delicada.

Era uma explicação cortês, não restava dúvida. Aquietei-me e continuei a escutá-lo: ele me lembrava que, em menos de dois anos, eu havia perdido o pai, começado a trabalhar e casado.

— Bastante movimento para uma vida, não é mesmo?

Ele não deixava de ter razão. Aliavam-se àqueles fatos as melancólicas lembranças e a insistência de tio Samuel em encantar minha mãe, mas achei que o doutor Rosenblatt não precisava tomar conhecimento nem de uma coisa nem de outra. Aliás, talvez ele já houvesse escutado comentários com relação a meu tio, a colônia sempre fora eficiente rede de informações. Ele tirou os óculos da testa, pousou-os no lugar devido e deu-me um longo olhar através das lentes:

— Vamos repetir todos os exames.

Acatei o que ele me dizia. Mesmo acreditando que os males da alma eram a causa de meu padecimento requisitou-me uma desesperadora batelada investigatória. Ao fim, levantou, acompanhou-me até a porta, beijou-me as faces e passou-me amorosamente a mão nos cabelos:

— Você estava linda de noiva, Clara. Seu pai teria se orgulhado.

Abracei-o sem poder falar nada. Antes de tomar o corredor que dava passo para a saída, ouvi a última recomendação:

— Um abraço em casa. Não se esqueça de mandar lembranças minhas ao Samuel.

Com certeza os comentários já tinham chegado até ele. Amargurada, guardei as requisições no fundo da bolsa. Eu não estava doente; estava louca. Dirigi até minha casa pensando que deveria moderar meus sentimentos. Mas como se fazia tal coisa?

Vítor preparava a janta e recebeu-me dentro de uma olorosa e picante nuvem de temperos. Nosso apartamento tinha, portanto, vários cheiros: este, sucedâneo do perfume amadeirado, reinava durante os finais dos dias, e sempre, invariavelmente, era precedido pelo aroma doce de cebolas refogadas. Festivamente integrada à felicidade doméstica, atei-me num avental e me dispus a colaborar na aventura da janta — um faceiro pé de alface me esperava sobre o balcão da pia. A água escorria sobre a maciez tenra das folhas e, cuidando para separar as partes íntegras das machucadas, pude descrever com tranqüilidade a consulta ao doutor Rosenblatt. Vítor preocupou-se, ainda magoado com o fato de que eu não o deixara acompanhar-me: se eu andava com problemas, por que nunca lhe dissera nada? Antes que eu pudesse responder, o telefone tocou. Secando as mãos no avental, corri a atender:

O telefonema

Eu: Alô.

Ela: Clarinha? É você?

Eu: Sim, quem está falando?

Ela: Sou eu, Ana.

Eu: (Muda de pânico: as marés montantes do passado. Por quê?)

Ela: Clarinha? você está me escutando? Você está bem, Clarinha?

Eu: Acho que sim. (Tua voz continua melodiosa. A bênção da tua voz.)

Ela: Queria te ver, saudades. Estou aqui por uns dias.

Eu: Por quanto tempo você vai ficar? (Me diz que é para sempre.)

Ela: Uma semana.

Eu: Ah, uma semana... (Sete dias. O que são sete dias?)

Ela: Clara, então podemos nos ver?

Eu: Sim, claro, precisamos nos ver. (E o que o tempo terá feito em nós?)

Ela: Clara, você se casou?

Eu: Sim. (O que eu poderia ter feito? Tanto tempo, minha amiga.)

Ela: Jankiel me deu o número de sua nova casa.

Eu: Sei. (E o que devo te dizer agora? Medo, Ana, tanto medo.)

Ela: Então nos encontramos amanhã?

Eu: Claro. (Impossível conviver com isto, com o medo, Ana.)

Ela: Amanhã, no final da tarde?

Eu: Está bem, depois do trabalho. (Agora, quero te ver agora.)

Ela: Amanhã, então? Estou na casa dos meus pais.

Eu: Amanhã, perto das seis horas. (Me pede que vou correndo agora.)

Ela: Um beijo, então. Até amanhã.

Eu: Outro. (Outros.)

E desliguei.

Sentei-me no sofá, as mãos ardendo de frio; cruzei os braços e fiquei vendo as luzes da cidade se acenderem depois dos vidros. Vítor apareceu na sala dali a pouco, o jantar estava pronto, quem havia telefonado? Respondi, escolhendo as palavras mais casuais: ah, era Ana, uma amiga minha dos tempos de colégio que estava estudando em Paris e que viera passar alguns dias com a família. Ele comentou que eu falava pouco das minhas amizades de adolescência. Concordei com a cabeça, sem vontade alguma de continuar com aquela conversa. Vítor fez uma última pergunta, interessadíssimo na aparição inesperada de uma ponta de minha história à qual ele nunca tivera acesso:

— E vocês vão se encontrar?

Não tive coragem. Menti.

A danação

Pois ora se tem cabimento que as coisas acabem.

E quando elas acabam, se é que acabam, para onde vão? Para onde vão todas as coisas? Meu Deus, para onde? Pois não era isso, esta altercação entre sentidos e siso, ela mesma a promessa da eternidade? E não era isso, essa sofisticação doente dos sentidos, essa patologia cobiçada a única conclusão possível de tantas quantas podiam ocorrer? E acabou, havia acabado, passado pretérito, acabara a paixão entre nós? Fim para todo o sempre, o eterno com os dias contados. A única certeza que tínhamos, eu e tu, na idade tenra de nossos corpos, acabou-se quando te virei as costas, quando desisti, quando assinei o armistício. Acabou a paixão; como o organismo cura a gripe, como um batalhão de anticorpos vencendo a bactéria invasora, como uma machucadura que a pele nova vai encobrindo. Deus nos fez perfeitos e saudáveis.

A paixão, uma doença?

Pois eras branca, meu amor, e caminhavas de uma forma como se estivesses enganchada no vento, deliciando o chão com o rumor de teus passos. Alteava-se a tua cabeça com nobreza, e teus olhos, generosos e verdes, prometiam todos os líquidos. Teu colo era de leite, transparente e adocicado, e teus seios brotavam fartos firmes copiosos; e eram os rosados botões de teus mamilos apenas nódoas passageiras no meio de oceanos de brancuras. Branca, branca, teu corpo era uma torrente de leites, lastimoso leite, ao qual me habituei em noites igualmente brancas.

E passaste? Para onde foste?

Lembro-me do que éramos nós duas. Éramos só as duas, uma ansiando pela outra. Nós nos queríamos, não havia engano. E eu te queria mais do que tudo, mais do que meu pai, minha mãe, meus irmãos; e, talvez mesmo temendo, te submetia, leite e mel, aos meus desejos. E espremias os lábios dos prazeres, e contorcias o rosto para, ao fim e ao cabo me olhares entre pânico e amor para depois me abençoares com o peso do teu cansaço saciado. Eu te recebia a meu lado, na languidez que era tua, na preguiça que era a tua, no hálito de odores conhecidos que era o teu. E alegre e feliz me envolvias com braços de marfim e com pernas sólidas, grossos troncos de carne sangue músculos, apavorando a noite, apavorando a noite e todas as luas. A lua maior, o satélite de mais intensidade e maior brilho, era tua cara. Tua cara no sono, o ar entrando em ti devagar e profundamente, as narinas dilatando-se minúsculas, único sinal de que não era a morte que te chegara, muito embora o amor chacine e mate, como a mim assassinou no tempo que jejuei sem ti, acumulando pecados ao invés de remissões.

Passaste? Para onde foste?

E o que me aconteceu, Ana, o que aconteceu naquele final de tarde? Não, não podia deixar que se pusesse o ponto onde a frase não se esgotara. Não podia. O fim de tarde era uma voragem. Saí da redação esbaforida, sem nem esperar o fechamento, eu não podia, alguma coisa me puxava, me puxava, minha cabeça estourando, e eu fui procurar Natália na caixa de vidro, pedi ajuda, eu tinha de sair, eu tenho de sair, de ir embora, Natália. O que aconteceu, Clara?, ela me perguntou doce, ela também doce, meses de doçura, meses, meses me olhando e eu podendo jurar que ela, também ela. Ela me acalmou, eu que fosse, alguém terminaria minha matéria; podia ir. Me joguei, Ana, me joguei pelas escadas do jornal, pulei os degraus, comi a distância até o carro. Dei partida, engatei marcha a ré, alguém que vinha pela avenida quase me entra na traseira. Vim correndo, o pé no acelerador, eu furiosa, xingando, eram cinco horas, cinco e meia, a humanidade, os carros do mundo estorvando meu caminho, me deixem passar, eu preciso, o dourado no meu dedo esmagando ainda mais a cabeça, havia outro, agora, um outro ser que decerto me amava.

Mas tudo havia perdido o eixo, eu era eu mesma oito, nove anos atrás, Aninha, no dia em que voltei daquele exílio a que meu pai me obrigou, aquele em que ele me roubou de ti, pensando que eu ia te esquecer (ele não sabia que as feridas nunca fecham, nunca, e que as coisas nunca terminam, nunca ninguém contou para ele, e ele não teve tempo de viver para que eu crescesse e, já adulta, contasse que as feridas nunca fecham, que nunca fecharam, e que tudo o que deveria acabar só e apenas conhece a letargia). Então, eu era eu mesma tempos atrás, a mesma que roubou o carro da mãe e foi voando te ver, um risco voando pelo Bom Fim, os pães na Santa Isabel, aspirinas no Efraim, botões no Salomão, os cavalinhos do carrossel em frente à igreja, aquela em que nunca entrei e na qual te persignavas para teu Deus, e eu te achava boba que te contraías por causa de umas figuras de olhos ocos, sem medula nem miolo, nada em mim despertavam, nem piedade nem amor, e assim mesmo traçavas um cruzeiro que ia da tua testa ao teu colo, um exagero, para que mais luz na tua cara? Mas não importava, eu seguia, por esses lugares eu passei voando, por todos esses lugares aos quais me habituei, empinei para subir a rua em aclive; um conhecido aqui, outro ali, meu pecado visitado por um resto de escrúpulo, por esta gente que me viu desde pequena e esteve junto quando me consagrei a outro ser. Fugi, fugi dali, do gueto, dos alhos cebolas peixes cozidos de olhos vazios iguais aos dos santos.

Quando cheguei à rua Auxiliadora, a casa estava pintada de branco e, na janela, parecia que te via, tu, que anos antes me apareceste de camisola bordô, tu sempre sangüínea, os seios balançando na pelúcia. Mas não, não estavas na janela, e te juro que temi que me aparecesse outra pessoa que não tu. Porque era o encontro, o mesmo encontro do qual fugi, uma vez fugi, porque não suportei, porque não suportamos, quem de nós era o homem? Enquanto eu batia a porta do carro — estacionei ali em frente — me vi a mim no passado, a cena mil vezes reprisada, subindo as pequenas escadas de pedra, a mão comprimindo a campainha e meu coração. Temi: seria possível tudo de novo?

Ah, Ana, apertei a campainha, a mesma campainha da minha infância, o mesmo coração tresandando à infância, era o que te trazia, dolorido, Aninha, tão dolorido, e mais me doía porque custaste ainda um pouco para me abrir a porta. E se não estivesses, e se te houvesses esquecido? E se tivesses medo? Medo, Ana, o medo de tudo virar um pastiche monstruoso do passado, de não haver nada mais do que a imagem em mim. Quis dar a volta e desistir, mais uma vez o medo, o medo que paralisa, que não se controla, que faz a gente perder o melhor, que fez a gente perder o melhor, que teria sido a gente virar mulher, as duas, e podermos testemunhar uma à outra. Por medo perdemos eu e tu o olho testemunhal e imprescindível; não vi, não viste: os nossos olhos perderam o sentido de posteridade. Mas logo o metal das chaves girou na fechadura, o trinco se curvou ao cetim de tuas mãos; e me apareceste.

Visão.

Visão de encanto e assombro. Já teus vinte e cinco anos estavam marcados em ti, naqueles vincos junto aos olhos que não tinhas na nossa adolescência, que nunca tiveste, que, agora, eram uma embrocação do tempo no teu rosto, e, saberia mais tarde, na tua alma. Outra marca, um sulco, uma vírgula na comissura dos lábios; mas teus lábios continuavam frescos, um viço, ainda mais quando entreabertos me sorriram. E teu olhar. Um olhar santificado pela blusa azul, e eu tive a noção maior do tempo que perdi no tempo em que não te olhei. Sei que te contiveste, sei que me contive naquela hora, um silêncio de prece entre nós duas, um abismo a que não pude — não quis — resistir. E entrei.

O resto da tarde, o princípio da noite foi de sal em ardências, as feridas que abrimos, e que nunca fecharam, a carne desabrochada em nós. Falamos? Chegamos a falar alguma coisa? Eu pensava que te queria, era só o que eu pensava, enquanto escorregavas pela casa, me trazendo uma xícara onde boiavam flores de camomila; o chá que bebi tentando temendo me curar de ti. O chá, um elixir, o calor escorrendo pela garganta, a saliva me preenchendo a mucosa da boca, um beijo que roubei ao bolo de canela, o beijo que era para ti dado em farinha e açúcar. E, no entanto, contrariando o movimento da minha alma, te escutei das coisas que me contavas, que estiveste cá e lá, pelo mundo, que pensavas muito em mim, e eu aguardando o momento de locupletar minha boca e de preencher minhas mãos e de lamber feridas, tuas flores de carne, as pétalas em extrusão, a lava macia de tuas mucosas, flor minha flor quente carne querida, eternamente querida.

Finalmente, me pus de joelhos a teus pés, como nunca achei justo me pôr de joelhos perante ser humano algum, como não deve ser humano colocar-se de joelhos ante ser humano algum. Te venerei, como não se deve venerar ser humano algum; mas já eras santa, eras a única figura em que eu acreditava, a deificação na minha pupila, o milagre do vinho em sangue, a apoteose da Humanidade — ascendias aos céus na tua blusa azul. Coloquei-me de joelhos entre teus joelhos e tive a visão de que se derretia o sexo, assim como o chão aprendera a se derreter com a passagem mimosa dos teus pés, santa, santa, minha figura de adoração por toda a vida. Ousei e prendi tuas mãos entre as minhas, os dedos frios de susto, o sangue escoando-se para um só lugar. Calaste, assumiste o ar do sofrimento, teus lábios chamejaram meu nome; enfim eras tu, a mesma que eu tinha em mim, me chamaste Clarinha, minha pequena, quanta saudade, me disseste. E tua mão me rabiscou o rosto, o roçar da asa de um anjo. Súbito, te levantaste e me alçaste de minha persignação, eu que já era tua serva. Caminhamos ao quarto, o quarto que havia sido teu, as paredes brancas, lívidas de susto, do susto de nos ver, as tuas coisas, aquelas que pensei em roubar, em fazê-las minhas, como sempre quis possuir todas as coisas que eram tuas, como se pudesse um ser possuir outro pelas coisas. Acendeste o pequeno abajur e o quarto e as tuas coisas conheceram cores de ocaso, muito embora parecesses um sol ao nascente. Sentei-me em tua cama e vi o milagre que me era dado presenciar. Tiravas a roupa como quem tira uma casca, como quem tira a pele, o ar azulado te entrando pelos pulmões, os líquidos todos correndo impacientes pelas tuas veias, tu, subitamente azul no que eras vermelha. Talvez a princípio eu me tivesse incomodado com a revelação da semelhança ali, ao alcance dos olhos, uma deusa tão igual a mim, tu sempre tão gêmea da idéia que fazia de mim mesma, uma assombração, eras uma assombração, pulsando sem roupa, sem pele, vermelha e azul. Azul, todos os azuis, de todas as palhetas, de todas as anilinas, tu numa tela de linho, te equilibrando sobre um cavalete. Eu me maravilhava com o prodígio, com a lenta armação da tua nudez, a pele se revelando aos poucos, e de repente, lá estavas, Ana, branca inteira, as mesmas pernas colunas de mármore liso e frio, apenas uma penugem a ensombrecer-te os músculos, as veias azuladas saltando junto às dobras dos joelhos, os braços de uma opaca densidade e não pude, não consegui ver além. Não pude ver além, eu me desesperava, a divindade de carne e de formas redondas, e tu não me dizias nada, me enlaçavas no duro e possante abraço, me afogando na pedra dos teus seios, a pedra da memória, que nunca mais vou esquecer, a pele pedra pintalgada de tom rosa, cortada no fundo de azuis. E, como tanto ansiasse por te sentir, me despiste, me descobriste, o desejo flutuando ali, à flor. O desmaio de ver teu seio no meu seio, a turgidez dos bicos, tua rosa rasgando a minha pele, vergões sulcos. E tua mão de unhas curtas espalmada no meu ventre, o toque de teus ossos, tuas cartilagens afundando em mim, o frio contra o calor, os dedos me penetrando aquosos, deslizando no desejo que me emanava, e sorriste porque a vida inteira sorriste ao constatar o efeito que tinhas em mim. Eu te recebi, poderosamente, numa ânsia que, antes tragada para dentro do atônito, agora se desembaraçava. Chupei as preces nos teus lábios, os dentes incandescendo em brasas. Eu te queria, eu te queria a ti, e foi o que te disse, o que consegui murmurar, e logo deslizávamos flanávamos sobre a colcha, manchando o tecido com o desejo dúctil e transparente. Tu, sempre uma fruta, Aninha, sempre doce e vermelha, sumarenta, polpuda, o sumo escorrendo de ti, torrencial, torrencial, pespegando-se na minha garganta, diluindo-se no estômago, e era o improvável impossível, tu dentro de mim, como sempre deveria ter sido. E quanto tempo se passou nessa magia? Eu já me cansava de caber nas tuas ancas, os músculos pesados, eu toda pesada em cima de ti, em cima das tuas pernas, tuas coxas de veias e artérias e a linfa salvadora e azul. E então me redimi.

O que se seguiu, então? Ali, as paredes continuavam no espanto branco de ver o amor acontecer impunemente, e nós as duas olhando o que nos aconteceu, o mar que nos aconteceu. Olhei: os nossos pés, os dois, do mesmo tamanho, Ana, e me dizias que sempre havia sido assim, e que nós sempre havíamos sido tão iguais, eu olhasse só, tínhamos as duas um par de seios, as mãos também quase do mesmo tamanho, e colocamos palma contra palma — já havíamos feito isso uma vez antes, no passado — e rimos que os dedos terminavam à mesma altura, as polpas se encontrando no mesmo lugar, as impressões se encaixando como um quebra-cabeça que cansamos de montar. Ah, mas nós voltamos a rir juntas, as duas juntas, teu riso mais uma vez profanando a casa de teus pais, tua gargalhada de amígdalas expostas, de fazer balançar os teus seios, de fazer tremer tua fruta, de me fazer tremer porque nunca mais eu queria te deixar. Nunca mais.

Para sempre não existe, Ana. Muito tempo, periclitante tempo. Foi por isto que me levantei, colhi a roupa que ficara pelo chão. E me perguntaste aonde eu ia, que pressa era aquela. Não pude te dizer, Ana, não pude te dizer, mas eu tinha de ir embora, minha vida nunca pôde ser contigo e me esperava longe de ti. Longe de ti e tu tão próxima, irresistível. Um pouco mais e eu teria ficado, teria bastado um pouco mais. E te sentaste na cama, miúda, me pediste fica, Clara, fica, que te espero há tanto, eu sempre te quis. Eras a santa que voltava ao terreno, que perdia a auréola, teu halo se esfumava na tua dor; tua perda era demais e medonha, horror demais sob a pele. Tua perda e a minha. Me vesti de horror e de padecimento, caminhei alucinada para a porta. Ouvi que me seguias: seguiste minhas pegadas, queimavas pelo carpete, a blusa azul como a mortalha da tua recente viuvez. E o que aconteceu, Aninha, o que aconteceu então? Três as palavras, as palavras da adoração jorraram da tua boca. E, sem medir o depois, com esse som nos nervos, com o convencimento de que todo o tempo eu guardara as palavras só para ti, antes de transpor definitivamente o umbral da porta, eu as repeti. Repeti as três palavras.

As três palavras, que, como o nome de Deus, ninguém deve pronunciar.

Os movimentos da matéria que busca a forma

Começava a chover quando descia as escadas de pedra. Às minhas costas a porta continuava aberta, despejando um breve facho de luz no calçamento recém-molhado. Não olhei para trás: se olhasse, seria maldita, certamente me transformaria numa estátua de sal. Uma estátua de sal que dali a pouco, sob a ação da chuva, desapareceria num derretimento incontrolável, e pés mimosos viriam me pisotear a mim e a meu coração. Que diferença fazia? Quando me afligi covardemente, quando voltei a vestir-me, quando encobri minha nudez e meu desejo, quando ofereci as costas, já me havia transformado num ser informe e oco: vazio. Não olhei, no meu movimento de partir, para a destruição que causava. Fogo e enxofre, fumo e aniquilamento. Apesar de repetir as três palavras consagradas, contrariei minha boca, contrariei minha vontade, contrariei as ordens do meu corpo, neguei-me a visão do ser amado. Um beijo, nem disso fui capaz; um beijo e nunca mais me afastaria. Ao descer as escadas, carregava a maior de todas as dores; tão densa a dor que ganhava as dimensões sólidas de um corpo, altura largura profundidade. Soquei-nos, a mim e a dor, dentro do carro, o rosto dela amassado contra o painel, os pés apoiados contra meu peito, os dedos furando meus olhos, a língua endemoninhando meu coração. O pára-brisa estava coberto de miúdas gotas, e as luzes da rua se filtravam por ali como lâmpadas votivas. Meu relicário extinto. Dei a partida, ainda sem olhar para a porta que permanecia aberta. Engatei a primeira marcha e segui para casa. Meu outro mundo.

Na esquina, parei. Um ônibus gigantesco vinha, guinchando pelo paralelepípedo molhado, inclinado de tão veloz. Cada vez mais veloz. Fascinei-me, mas deixei que passasse, as luzes traseiras refletidas nas pedras como um rastro de ferro candente. Maior opressão dentro do carro, insuportável. Acelerei, finalmente. Atrás de mim, eu sabia, a silhueta recortada contra a luz de fundo, a mão amparando-se na maçaneta, a escuridão ocultando os traços e o azul da blusa. O contorno quase sobrenatural do ser que se ama.

O apartamento, valeram-me os céus, estava deserto. Apenas o perfume amadeirado pairando em todos os cantos. Sombras compridas espreguiçavam-se pelos móveis, e a chuva, agora com mais corpo, deixava caminhos transparentes nos vidros das janelas. Sentia o ventre inchado, de uma tumidez quase machucadura;

queimavam-me os seios numa sensibilidade recente. Despi-me, e muitos cheiros evolaram-se. Os cheiros abençoados do desejo agora me massacravam. Os cheiros: na barriga, nas pernas, nos braços, nos dedos, nas reentrâncias das unhas, armazenados nas cutículas. Algo dela comigo, mas que eu não podia manter. Escovei os dentes tentando afogar o beijo e o gosto, a espuma ardendo no palato, nas gengivas, na língua, a menta alargando-se por todos os interstícios. Cuspi o beijo e o gosto, com uma decisão sem serventia. Coloquei-me sob a ducha, deixando que a água me corresse pelas costas, pelo peito, infiltrando-se nos pêlos, lavando a memória viscosa do sexo. Desmanchei-me, entretanto, igual a um ser de sal.

Quando saí do banho, a casa se transformara: as luzes estavam acesas, uma braçada de flores descansava no vaso sobre o aparador, as portas da geladeira e dos armários abriam-se e fechavam-se em estalos festivos. Nesse momento, a noção de que eu traíra meu marido me zonzeou. Apertei os braços contra o corpo.

E agora?

Caminhei até a cozinha com uma ânsia que por pouco não me imobilizava. Parei junto à porta e olhei-o, os cabelos ainda mais ruivos, comoventemente belos. Viu-me e correu para um beijo, tão amoroso como se não soubesse. E se ele, ao tocar-me a boca, decifrasse o pavor? Mas não, apenas perguntou-me se havia marcado os exames que o médico prescrevera. Não me lembro o que possa ter respondido algo convincente; porque logo ele voltava à lide sábia nas panelas sobre o fogão, o aroma revelando-se no espírito dos vapores. Ele estava cozinhando algo especial, uma surpresa, eu lembrava que dia era hoje, não lembrava? Uma imagem irônica e impronunciável varreu-me a cabeça; olhei-o submersa em ignorância. A sentença fluiu dele com alegria:

— Estamos completando seis meses de casados.

Seis meses? A coincidência fez com que a novidade tomasse gosto de amargura. Abracei-o, acalmando-me junto ao corpo flexível, inspirando com vontade o aroma de madeiras. Seis meses, repeti, e beijei-lhe as pálpebras, os lábios, os cabelos, deslizei as mãos pelos ombros e costas, estreitando-o com vigor e inquietude. Transmudei a voz em pura alegria: não, não tinha me esquecido, eu já ia mesmo arrumar a mesa para o jantar.

Na sala, compus aos poucos o arranjo. A toalha de linho em sua ciência de bordados, os cálices de diáfano cristal, a louça com pinturas aquareladas e perfeitas, os guardanapos ásperos de goma em dobraduras pacientes. O faqueiro de prata, presente de tia Raquel, tinha a textura das superfícies frias, e atrapalhei-me com meu próprio reflexo na concavidade de uma colher. Dei alguns passos para trás e olhei de longe o conjunto. Perfeito.

Durante todo o jantar, Vítor falou. Ele não me via, olhava através de mim, eu matéria incorpórea; contava do novo projeto de um centro comercial em que estava trabalhando com tal empenho que as modulações de voz pareciam acompanhar o ritmo das obras: graves como a qualidade dos pisos, profundas como as vagas no estacionamento, sinuosas como os arcos das fachadas, alegres como a luminosidade das clarabóias. Falava e falava, e um de meus impulsos foi o de pedir que ele se calasse, mas, ao contrário, escutei-o com ouvidos de fantasma cordial, comendo em minúsculas garfadas, tragando breves goles de vinho, aprendendo que o silêncio era melhor. Um breve intervalo, e me tocou o direito à única e alucinatória fala da noite: é, o suflê estava mesmo uma delícia.

Depois, ele puxou-me pela mão em direção ao quarto e deixei-me levar.

Vítor adormeceu antes de mim.

A memória do corpo estava ali e eu, como de hábito, debatia-me na insônia. Já era um dilúvio o que acontecia lá fora, um temporal o que acontecia cá dentro, e na claridade noctâmbula e preguiçosa olhei o corpo nu a meu lado. As linhas dos braços e dos ombros revelavam-se possantes, porém inadequadas: como corriam tantos músculos sob pele tão branca? Por um momento encantei-me, e na confidência da penumbra alisei o peito alvíssimo, polvilhado de lunares e sardas, onde os vapores do suor deixavam uma fina névoa.

E agora?

Juntem as sucatas, os restos dos sentimentos, os pedaços dos membros, pele órgãos unhas dentes cabelos; reúnam tudo, moldem a substância da dignidade, reciclem o germe essencial, instilem a vida pelas narinas; façam, por favor, uma criatura amorável.

Eu, uma esposa amorável.

Aconcheguei-me a seu lado, tentando adaptar-me às curvas das costas e das pernas. Fiquei escutando o ar entrando saindo dos pulmões, o peito erguendo-se em compasso justo e pacífico. Queria amá-lo. Eu o amaria, numa construção lenta e laboriosa, espantando de mim as imagens de assombração. Eu começaria a amá-lo amanhã mesmo, quando o corpo descansasse, quando despertasse, depois que pudesse, por fim, conciliar o sono.

Lá fora, chovia como num dilúvio.

Repetição de um procedimento sobre uma substância com o fim de melhorar propriedades

Seis.

Seis foram os dias suplicantes, em que Ana ainda estaria na cidade e durante os quais tentei me afastar da tormenta a que eu mesma me jogara. O tempo desses dias não se esgotava; cada minuto existia muitas vezes e era o espectro do anterior, e eu chegava mesmo a duvidar que houvesse um minuto anterior; um tempo paralítico, os segundos transformados numa sucessão de reflexos estanques, longe da delicadeza que sobrevém do fluir contínuo e que transforma tudo em memória. Mais uma vez, eu precisava da memória e, portanto, precisava me ocupar do presente. Da minha reconstrução.

No jornal, organizei um verdadeiro descarte: bilhetes caducos, canetas sem tinta, clipes tortos, recortes amarelados, tocos de lápis, tubos de cola vazios. Ao lado de meu terminal, plantei um porta-retratos e um vaso com uma violeta; a foto mostrava-nos, a mim e a Vítor, no dia de nosso casamento; a violeta, que estava por brotar, na verdade nunca me deu nenhuma flor. Em casa, dediquei-me a rearranjar os móveis da sala e a comprar um conjunto novo de panelas; também providenciei que, numa cerimônia rápida e em meio a goladas de vodca, o rabino aplicasse uma *mezuzá** na porta do apartamento, afinal aquele era ou não era um lar judaico? Também pedi que Vítor constelasse as paredes do apartamento com buchas, parafusos e ganchos, nos quais pendurei velhas reproduções, nem todas muito dignas, é verda-

---

**Mezuzá:* pequena caixa tubular, colocada nos umbrais das portas dos lares judeus, que contém um pergaminho no qual estão inscritas passagens do Deuteronômio.

de, fato que o amuou discretamente. No meu armário, descobri alguns vestidos que encaminhei para a caridade; desencavei das minhas gavetas bilhetes, cartas, cartões, fotografias, recortes, resmas de papéis inúteis. O telefone me rondava e voltava a me rondar; a casa também era perigosa — eu precisava sair. Inventei programas combinados de cinemas e jantares, dedicando-me a três filmes russos num dos ciclos do Bristol, e a um empanturramento de baurus, cachorros-quentes e pizzas. Nada muito saudável, porém absolutamente necessário. Vítor se surpreendia com minhas caleidoscópicas novidades, mas sem nunca impor objeção, se eu tanto queria ir ao cinema e jantar fora, que mal havia? Embora ignorante de meus suplícios, ele se tornara ainda mais amável e presente: a consistência de um esposo.

Ao fim das seis malditas jornadas, soube que Aninha voltara à Europa; esgotara-se a época apreensiva. No sétimo dia, com um pouco de receio, procedi aos exames que o doutor Rosenblatt havia indicado. Para minha sorte, a esgotadora pesquisa não revelou nada anormal e, por mais que eu temesse, sequer chegou perto daquela natureza ainda provisória com a qual eu tentava ser compatível.

Reintegrada à normalidade, traguei minhas dúvidas e assisti à filigranagem minudente e, agora, sem pressa: minhas cefaléias tornaram-se mais esparsas, Natália voltou ao mutismo de seu aquário, minha mãe se integrou a um dos grupos de senhoras da Wizo* e meu tio derramava-se na corte à cunhada. A construtora tornara-se gigantesca, demasiada; Vítor fazia serões intermináveis e Hersh já ensaiava a autoria de alguns projetos menores. Jankiel, no entanto, me preocupava; não demonstrava o mínimo pendor para aquelas coisas de plantas baixas e materiais de revestimento, e, apesar de já estar por concluir o secundário, ainda não optara por nenhuma carreira. Muito embora o terrível compromisso de cuidar de meus irmãos fosse mais do que pretérito passado, quis saber dele quais eram os planos. Antes de falar, ele engoliu um volume imenso de ar:

— Clara, vou fazer jornalismo.

Jornalismo? Aquilo me deu nos nervos, senti-me atônita e decepcionada. Mas ele não sabia que se trabalhava muito e se ganhava pouco? De mais a mais, a construtora...

— Eu sempre gostei de escrever — ele me interrompeu. — O que você quer que eu faça?

Os olhos dele eram firmes e ousados, mas ao mesmo tempo de extrema doçura. Os olhos de nosso pai, iguaizinhos. A semelhança tão próxima comoveu-me. Abracei-o como havia tempos não abraçava ninguém e repeti:

— Muito bem, jornalista, que seja. Mas o melhor que houver.

---

*Wizo: Women International Zionist Organization. Organização filantrópica judaica formada por senhoras.

Ele me envolveu com mais força ainda, e ficamos longo tempo integrando o único corpo de uma família.

Maravilha: um dos desígnios se estava, finalmente, cumprindo.

Aquele foi um ano de mudanças; algumas, como a que eu me havia disposto, com alvo estudado, e outras, imprevistas, que incluíram o afastamento de Natália do jornal. Minha amiga fora convidada a trabalhar numa produtora de vídeos e, para meu espanto, aceitou de pronto. Ainda tentei argumentar que ela se transformaria numa publicitária, uma vendedora de qualquer coisa, era isso o que ela queria? Os olhos claros tinham uma sombra densa:

— Não consigo mais trabalhar aqui, Clara.

Apavorei-me com o peso definitivo da resposta. Algo de grave que eu devesse saber? Ela passou a mão pelo meu rosto, os dedos numa carícia branda: não, nada de grave, e assim dizendo beijou-me e seguiu em direção à saída. Vi-a pelas costas, os anéis castanhos no ritmo dos passos, o corpo alto e ligeiramente inclinado pelo caminhar de graciosa lentidão. Quis interceptá-la, impedir ao menos uma perda em minha vida. Não consegui, não fiz nada. Talvez eu soubesse por que Natália se ia; não pude, mesmo assim, admitir as verdadeiras razões.

Não de novo; nunca mais, eu me havia dito.

Vítor e eu decidimos viajar. A bem da verdade, eu queria sair daquele ambiente que, sem Natália, me parecia molesto e inóspito. Tio Samuel, que se firmava no papel de grande sedutor, sem nem mais a preocupação de dissimular seu canto maldito, empolgou-se com a perspectiva, correndo a reservar hotéis, passagens, recomendações de uma coisa aqui, outra ali.

Quando voltamos, havia três novidades — uma boa, uma má e uma pior.

A boa: Jankiel, mesmo sem nenhuma preparação para os exames, era um dos novos calouros do curso de Jornalismo.

A má: minha mãe e meu tio iam se casar.

A pior: eles iam morar na casa em que fomos criados.

Outros três pequenos relatos

As bodas

Minha mãe não perdera o gosto, tampouco a vaidade. Os últimos eventos a tinham rejuvenescido: os olhos e a pele adquiriram brilho e cor incomuns para uma mulher de quase cinqüenta anos; ao mesmo tempo, a expressão de consistência frágil, surgida com a morte de meu pai e que todavia se mantinha, dava um ar distinto ao rosto de linhas ainda firmes. Continuava bela e, quando chegou para a cerimônia, trazida por Hersh, um murmúrio imediato e elogioso confirmou minha impressão. O vestido rosa antigo apenas lhe transpunha os joelhos; a musselina tinha uma opacidade tão delicada que por um triz não era transparente. O colo, sem o adorno de nenhuma jóia a não ser a própria natureza da pele clara, mostrava-se por obras do decote no formato de um V que ia até a juntura dos seios. As mangas encobriam os braços, e o pulso direito trazia um bracelete de corais, cujo arremate era um fecho de ouro cravejado de brilhantes miudamente faiscantes. A cintura fina distinguia os quadris amplos e as coxas fortes, disfarçados pela nuvem de tecido; as pernas terminavam em mimosos escarpins recobertos de seda rósea. Os cabelos, fê-los arrepanhar em um coque à altura da nuca, onde um toucado de flores mais amimava do que prendia. Nas orelhas, duas puríssimas gemas fulgiam sob a claridade enérgica dos lustres; os olhos praticamente não tinham pintura, exceto pela sombra cor de carne que festejava o verde das íris. Os lábios, finos, delineavam-se em algum matiz impreciso entre o vermelho e o bordô. As mãos, essas podiam denunciar algo da idade, pois aí, nos dorsos, pequenas manchas condensavam o peso do tempo. O dedo anular, desconhecendo tais estigmas, pompeava o chuveiro de diamantes, presente de meu tio.

O anel do segundo casamento de minha mãe.

No dia seguinte ao da cerimônia, despertei e lá estava a efeméride: estrelas brancas e coriscos furiosos toldando-me a visão. Amaldiçoei o estranho ciclo de meus pesares e atribuí-me maior infortúnio ao lembrar que a nobreza exigia que se acompanhasse o novo casal até o aeroporto. Partiriam, meu tio e minha mãe, para a lua-de-mel de direito. O lugar vazio ao meu lado anunciava que Vítor já se ia preparando para a missão de amantíssimo genro. Eu, a que deveria ser a amantíssima filha, não me sentia muito disposta, tampouco muito feliz. Julguei que a enxaqueca vinha do ritual da noite anterior: desgostara-me ver a mãe jovialmente bonita e mimosa, infantilmente alegre e encantada. Porém, além da enxaqueca, essa cujos motivos bem facilmente podia localizar — minha mãe casara-se com um néscio —, havia aquela angústia que me oprimia e estreitava o peito. Era um sentimento triste e compacto, cujas verdadeiras origens eu me recusava a compreender; depois, só muito depois, entendi que aquilo tudo era apenas a reedição da melancolia que sempre me acompanhara. Mas isso, este entendimento, só me ocorreria dali a vários anos. As prisões e as apreensões, cada um escolhe a sua, teria dito meu pai se vivo fosse. E então não tardaria tanto para que eu soubesse.

Na sala, tia Raquel e Vítor tomavam o café da manhã. Ela, que viera de São Paulo para o casamento e que se hospedava em nossa casa, acompanhou-nos, a mim e a Vítor, suportando com elegância as graçolas enjoadas do cunhado. Minha mãe estava tão contente que, como sempre, pouco se lhe dava a figura desgraciosa do novíssimo esposo. Meus irmãos pareciam inquietos. Hersh logo enveredou para a banca de revistas e Jankiel foi atrás. Eu fui procurar algumas aspirinas. A família somente voltou a reunir-se no saguão do aeroporto quando os passageiros foram chamados para o embarque. Apertos de mãos, frouxos abraços e foram-se, tio

Samuel com a mão pousada no ombro da esposa. Por um mês, eles estariam longe; nós todos, naquele espaço de tempo, deveríamos nos acostumar com a idéia de que, agora, minha mãe tinha outro marido. Muito embora não houvesse, sequer, trocado de sobrenome.

No caminho para o estacionamento ouvi pela primeira vez as impressões amargas de meus irmãos sobre meu tio.

— Este homem é um *potz**. — Esse era Jankiel.

— É, é um *potz*. — Esse era Hersh.

Esses eram, felizmente, meus irmãos. Tive de constatar, vez a mais, que as desgraças tinham esse largo poder de unir uma família. Talvez seja extravagante confessar: eu me sentia até feliz. A dor de cabeça foi embora e não voltou a me molestar durante todo aquele dia. A angústia, porém, não só continuou ali como nos dias que se seguiram recrudesceu terrivelmente.

Uma escada para subir, outra para descer

Tia Raquel, embora vivesse em São Paulo, era uma criatura sempre presente em nossas vidas; mitigou-nos

**Potz:* o órgão masculino em repouso e, por extensão, tomado depreciativamente, designa pessoas torpes e estúpidas.

a dor e o trabalho na ocasião da morte de meu pai, estendendo-nos o poderoso sentimento da solidariedade familiar. Pouco estivera com ela nos últimos anos, mas, de qualquer forma, sempre esquivei meus afetos do oblívio do tempo e da distância. Por isso, insisti para que ficasse em minha casa mais alguns dias; felizmente, e porque retribuía a benquerença, aceitou. Vítor e ela se entendiam com carinho, metendo-se os dois na cozinha a partilhar receitas, uma algazarra amena e cúmplice. Na noite anterior à partida de minha hóspede, inventaram um lauto jantar, cujos pratos restaram sigilosos até o último momento, e para o qual convocaram meus irmãos.

Jankiel foi o primeiro a chegar, vindo diretamente da faculdade. Hersh demorou mais um quarto de hora, aportando com uma moça um tanto alta, de dentes salientes, olhos acanhados e cabelos nigérrimos. Eu não a conhecia e, quando busquei o olhar de Jankiel para algum esclarecimento, vi que ele aprontava o mesmo gesto, espichando-me a fisionomia perguntadora. E eu lá sabia quem era ela?, fiz com os ombros. Antes que o espanto se tornasse denso e incontornável, corri a ajudá-la com o casaco. Como era mesmo seu nome? Hersh aguardava a pergunta, tive certeza, e antecipou-se à desconhecida:

— Essa é Cristina, minha namorada há seis meses.

Namorada? Dissimulei rapidamente o desconforto do imprevisto e pendurei o casaco no cabide junto à porta principal. Tia Raquel surgiu na sala para avisar que a janta estava pronta; foi devidamente apresentada. Sentou-se, pasma. Vítor adentrava a sala equilibrando uma perfumosa travessa; as novidades também o transtornaram. Cristina intimidou-se com as reações bobas, era fato visível. Apiedei-me e, antes que a imobilidade geral transformasse minha casa num apalermado velório sem defunto, providenciei mais um talher, conclamando todos a desfrutarem daquelas maravilhas. Breve discussão sobre quem sentava ao lado de quem; fosse como fosse, Cristina e Hersh deveriam ficar juntos, estava claro. Aliás, todos ficamos muito juntos, não prevíramos a família aumentada. Minha tia, fazendo vezes de anfitriã, pôs-se a servir o *borscht*, mas sua natureza desinquieta tinha outras atividades: por que Cristina não havia ido ao casamento? Hersh já esperava também esta pergunta e respondeu enquanto se provia de uma colherada de nata.

— A mãe não ia gostar. Cristina é *gói*.

Atordoei-me: *gói?*

— É, e decidimos hoje: vamos nos casar.

Casar?

Eu poderia jurar que meu irmão preparara o texto de todas as respostas com cautela, medindo e pesando o impacto de cada palavra. Não parou de comer, e enquanto o fazia um tanto ansioso, contava que Cristina era sua colega na faculdade e que mantiveram escondido o namoro com medo das objeções que nossa mãe pudesse fazer; eles tinham planos, uma pequena cerimônia civil, queriam juntar dinheiro para viajar, não era mesmo, Cristina? Sim, era verdade, ela aquiesceu, enquanto, com a ponta da colher, traçava desenhos revolucionários no prato de sopa.

O *borscht*, de tonalidade púrpura muito viva e sabor agridoce, foi sucedido por *knishes*, *guefiltefish*, *chrein* e uma torta de batatas. A sobremesa incluía marmelos assados e um doce de pêssegos e ameixas em calda. Observei Cristina: mantinha a espinha reta e os cotovelos junto ao corpo, levava o talher à boca em gestos naturais e saboreava os bocados detidamente, um prato de cada vez, elogiando, sem afetação, os cozinheiros. Uma boa moça.

Ao fim da refeição, pensei que a mim, como irmã mais velha, me tocava dizer algo. Mas o quê? Tudo o que pude fazer foi propor um brinde ao casal. O fato animou Jankiel:

— Também tenho uma surpresa.

Os cálices, alçados, permaneceram na expectativa. As novidades de Jankiel tinham o poder de me desconcertar. O que mais poderia ser?

— Vou trancar a matrícula da faculdade e trabalhar em um *kibutz* por um ano.

Kibutz? Mas o que tinha na cabeça? Mas será que ele não sabia que...

— Clara — Jankiel tinha mesmo essa mania de me atalhar as palavras —, não posso viver na mesma casa que tio Samuel.

Senti que os olhos de todos voltavam-se para mim. Tocava à irmã mais velha deliberar sobre o assunto. O fardo antigo voltando, inopinado. Finalmente, propus: *lechaim** ao que se casava, *lechaim* ao que viajava; que ambas as decisões viessem em boa hora. Quando os cristais se encontraram, enxerguei o rosto festivo e radiante de Vítor. Meu peito contraiu-se de maneira notável e o som descoloriu-se dentro de mim. Brindei à vida com a esperança de que a lucidez ou a coragem me visitasse. Aquilo que viesse primeiro.

Na volta da lua-de-mel, a mãe desesperou-se com as novidades. Acho que nem tanto com o teor delas: mais se alarmou ao perceber que estava perdendo — ou que acabara de perder — a autoridade que tinha sobre os filhos.

**Lechaim*: Literalmente, significa "à vida". Tradicional forma de brinde.

Quanto a mim, eu pressentia acontecimentos dos quais ela nunca, em tempo algum, se recobraria. O pior, portanto, ao menos do ponto de vista materno, ainda estava por vir.

Fazer o quê?

As trapaças

A construtora ganhara uma concorrência para a reforma de um conjunto de casarões tombados pelo Patrimônio Histórico e foi necessário contratar mais arquitetos para tocar as obras adiante. Por mais que me esforçasse, que tecesse tramas escabrosas, que imaginasse ironias absurdas, nunca, jamais, em tempo algum poderia supor o que estava por acontecer.

Não eram bem oito horas da noite e Vítor apareceu-me com a notícia: uma amiga minha, colega de infância, passaria a trabalhar na empresa. Interessei-me: quem era ela? A resposta:

— Beatriz Levi.

Beatriz Levi. Um incontrolável estupor somente permitiu que eu repetisse, tontamente, o nome. Vítor perguntou se eu me lembrava da moça. Tentei livrar-me daquele estado pernicioso e afirmei com um gesto de cabeça. Ele desfez o nó da gravata, descansou o paletó no dorso de uma cadeira e, ao olhar em minha direção, espantou-se: eu estava passando bem? Consegui articular uma desculpa, frouxa e arrevesada como são todas as desculpas. Talvez essa fosse — penso hoje — a hora e a ocasião de contar-lhe o que ele, já de havia muito, deveria saber. Tola eu, que silenciei. Vítor, antes de se meter na cozinha para preparar a janta, ainda teve a consideração de informar que a nova arquiteta era talentosíssima e que vinha muito bem indicada. Ótimo, foi o máximo que pude comentar.

Fiquei na sala, discutindo com o tempo, pelejando com o acaso, xingando todos os demônios que tinham conspirado para aquele evento. Beatriz Levi, a anódina e míope colega de adolescência, a perversa faladora: no pátio da escola, hora de recreio, a sentença mais cruel que meus ouvidos escutaram:

Qual de vocês é o homem?

Beatriz e Vítor trabalhavam juntos e, para meu desgosto, tornaram-se amigos. O nome infernal passou a ser pronunciado por meu marido com freqüência desconfortável — Beatriz isso, Beatriz aquilo —, e mais desconforto causou-me o fato de Vítor comentar que a moça ilustrava as conversas com passagens, todas muito divertidas, da infância e adolescência, ela não era mesmo uma graça de criatura? Não me passava pela cabeça que a ocluda pudesse ter-se transformado numa pessoa espirituosa e limitava-me a esconder a repulsa, e o grande temor, que ela ainda me causava. Evitava encontrá-la, escapei de todos os jantares que Vítor arranjou para que voltássemos a nos ver, eu e minha colega de infância. E eu lá queria ter Beatriz na minha frente? E o que teríamos a nos dizer? No entanto, quis pensar que talvez ela tivesse aprendido a delicadeza do tempo; jamais confiei, porém, que tivesse dado o fato ao esquecimento. Restava-me ter fé na Providência e arrepender-me, dia depois de dia, de ocultar meu passado, e principalmente meu presente, de Vítor.

Naquela noite o desastre era inescapável: todos nos encontraríamos num dos coquetéis de meu tio. Cheguei acompanhada por Vítor e, já à entrada, sem que ela ainda me tivesse visto, enxerguei Beatriz: continuava com o ar de palerma e lentes ainda mais grossas. Ao me ver, veio até mim, muitíssimo alegre, saltitante e desengonçada — abraçou-me demoradamente, provocando-me sincero asco. E derramou uma torrente de obviedades: então, como eu andava?, os anos não passaram para mim, como eu estava conservada, que lindo marido eu havia arranjado, quanto tempo fazia que não nos víamos, não era mesmo? É, muito tempo, concordei, pensando que todo o tempo do mundo não seria suficiente para despertar-me saudades. Aturei-lhe as muitas lembranças — era capaz de recordar, e de rir sozinha, dos vários embaraços em que conseguíamos nos enlear na época de adolescência. Vítor acompanhava o assunto com interesse, enternecido pelo tardio encontro daquelas duas que tanta vivência tinham em comum. Percebi (ou quis perceber) que, decorrida meia hora, ela evitava *aquele assunto*: ao menos não tocou uma só vez no sacrossanto nome de Aninha. Ainda assim, apesar dessa minha confortante impressão, não demorou muito para que eu escutasse:

— Você tem visto Ana?

O vinho rasgou-me a garganta, um rascar que me emudeceu. Vítor olhava-me, Beatriz olhava-me, eu deveria declarar alguma coisa. Tentei ser casual: ela estava estudando em Paris, telefonara havia algum tempo, viera visitar a família. Vítor disse que se lembrava do telefonema. Aterrei-me ainda mais com a prodigiosa memória de meu marido.

— Eram muito amigas, as duas — Beatriz continuava impiedosa. E tentando ser, desnecessariamente, mais enfática: — Elas se queriam muito bem.

Vítor sorriu comovido e falou algo com relação ao tempo e às amizades. Não pude escutar a sentença completa porque me vinham as ganas de furar os olhos de Beatriz com as unhas. Agradeci aos céus quando Hersh se aproximou de nós.

Mudamos rapidamente de assunto.

Aborrecida a mais não poder com os últimos acontecimentos, surpreendi-me quando, por algum critério de merecimento enigmático, convidaram-me a subir na vida, trabalhando numa emissora de televisão. Dessa vez, as dúvidas inexistiram e não tardei em aceitar, inclusive porque a falta que fazia Natália no jornal era perversa. As minhas atribuições — gerência de produção de um programa que ia ao ar durante toda a tarde — não incluíam direitos correspondentes; em certos dias sequer almoçava ou jantava, chegando a altas horas em casa, quando Vítor já ressonava. Este fato, o de escassamente podermos estar juntos, magoava meu marido sobremaneira; queixava-se, lamuriava-se, ele conseguia conversar mais com Beatriz do que comigo, afinal estávamos casados para quê? Eu bem alcançava compreendê-lo, não era nada difícil. Todavia, não conseguia sentir ou dizer o mesmo: não me fazia falta a companhia, tampouco as intimidades. A distância, para mim, passou a ser essencial, e as poucas ocasiões que podíamos partilhar causavam-me desconforto. Um mal-estar escabroso como meu silêncio.

Era uma tarde de inverno. Eu tentava ordenar algumas cenas na ilha de edição, quando escutei:

— Clara?

Conhecia a voz, conhecia a dona da voz; dei volta com o corpo. Uma imagem querida:

Natália.

E ela passaria a produzir e a apresentar o noticiário do meio-dia.

Mas o que tinha acontecido com a produtora?, quis saber dela.

— Fugi.

Rimos as duas. E eu pensei que sempre gostara de ver Natália rir. Meu Deus, como eu gostava.

Os corredores da televisão eram azuis, com portas, várias delas, à direita e a esquerda. Eu trabalhava na terceira à direita; Natália, na quarta à esquerda. As reuniões aconteciam na quinta à direita, e o estúdio principal ficava no fim do corredor. Às onze e meia da manhã, Natália metia-se no cenário de madeira compensada e começava a aprontar-se, os câmeras enleavam-se nos cabos, o parto célere de um jornal no meio do dia. Eu subia para a suíte de produção, um imenso mezanino envidraçado que circundava a área do estúdio. O velho aquário invertido; não era a mesma coisa, mas era igual. Junto aos técnicos, observava os bocejos e trejeitos de minha amiga, o enfado antes do aviso crucial. Quando ela entrava no ar, sorria para a câmera. Eu sabia que milhares de pessoas a viam naquele momento.

Outra extravagância confessional: eu sentia inveja dos telespectadores.

Natália era silenciosa. Avidamente silenciosa. Quem sabe por causa dessa notável discrição, nunca me tivessem ocorrido as perguntas que eu deveria — e que queria — ter feito. Acho que ela nunca me disse porque eu nunca perguntei; era isso. Só podia ser.

Chovia, naquela tarde. Copiosamente, podia-se dizer. Eu estava na portaria, recebendo um entrevistado, quando Natália passou por mim. Acompanhei a figura esguia, o corpo projetado para a frente, os cabelos debatendo-se com a pressa. Lá fora, percebi, uma moça esperava. Pedi licença a meu convidado e aproximei-me da grande porta de vidro. As duas afastavam-se, protegendo-se na mesma sombrinha de tons terrosos. Unia-as um estreito abraço, os rostos quase se tocavam; uma intimidade que me perturbou o resto daquele dia.

Minhas intuições sempre foram a antecâmara das certezas. Dessa vez, não foi diferente.

Ainda Ana em Paris

Porque és linda e porque acarinhas o chão com teus passos e porque a nobreza vive em ti como um consolo, eu te busco agora, lamentando o que virá: despencarás em teu próprio céu, engolirás constelações, e eu te perderei de vista, assim como te perderá de vista quem te amou.

Mas, antes, aí estás. Outra vez Paris, a tormenta armando-se em azáfama desesperada, força de ventania verga os galhos, folhas e ciscos em corrupios, e tu inquieta e suntuosa, rosa líquida a deslizar por esta cidade que nunca te acolheu por mais que a ela te tenhas oferecido. As pedras do Boulevard Saint Michel te bebem, te tragam; aos poucos, e sem que saibas, te consomem. Três livros tens entre os braços, colhidos junto à firmcza dos seios; três livros que, em sua condição de matéria, não sabem nem entendem o paraíso que lhes toca nesse instante. Caminhas apressada, não tarda a chuva, o céu cada vez mais baixo e terreno, uma atmosfera grossa de umidade e de calor. Quase corres, os pés miúdos levando teu corpo que se lança, que se curva, que enfrenta o vento; as mornas lufadas te querem, esbaldam-se e rodopiam em teus cabelos, o ar te namora a ti, precioso ser de olhos fluidos, jóia de carne, solitário brilhante de fulgor astral. Amam-te os elementos, as esferas te veneram e cada átomo da matéria existe para maravilhar-se de ti. E como seria diferente?

Alheia a ti mesma e ao teu poder de estrela que se ensimesma, entras no pequeno elevador. Sacolejas, impaciente; uma leve pontada na cabeça te incomoda e, sem que lhe faças caso, a dor logo se dissipa. Por fim, chegas a teu andar, abres a porta do *studio*, acendes as luzes, colocas os livros e as chaves sobre a mesa. Suspiras. O amontoado de papéis te desgosta; teus olhos se ensombrecem de fadiga e melancolia. Com a polpa dos dedos afagas a *mémoire* que tanto te custou escrever. Aí está, pronto, fizeste, trabalhaste, inicias o terceiro ciclo, continuarás nesta cidade e continuarão te espiando pela janela os telhados dos pequenos edifícios e o verde do Bois de Vincennes. Assim pensas que será e quisera que assim pudesse ser.

Um calorão te afogueia de repente; um tremor faz com que vaciles. Ar, o ar te falta, custas a preencher os pulmões. Procuras a poltrona e, no primeiro passo que arriscas, a zonzeira te assalta. Logo vem a náusea, e um reflexo ansioso e anelante provoca arcadas de vômito. Estacas, paralisada de medo e enjôo. A mesa, a cama, as cadeiras, tudo se move; os objetos tomados de sombra e de ação. Alcanças o braço da poltrona e, dentro de algum alívio, largas o corpo. Com o movimento brusco, tua cabeça parece avulsa do tronco, levitando ao arbítrio de algum demônio; o prumo das coisas desordena-se e gira o mundo ao redor de ti. É friíssimo o suor que te inunda, que escorre da juntura dos seios, que se compõe em bagas na testa e no buço, que te alaga os pés dentro dos sapatos. Ar, necessitas de ar, e, mesmo imersa na vertigem, pensas que deves ir até a janela. Ensaias apoiar-te, concentra-te nos braços, forcejas, mas um ruído louco, vindo do centro de teu próprio cérebro, rebota nas mandíbulas, arrepia-te os dentes e espraia-se pelas têmporas com tamanha brutalidade que a força dos membros se dilui. O peito se comprime e recrudesce impossivelmente esse zumbido dos infernos. Prostrada e doente, respiras pela boca com dificuldade, uma névoa te embriaga a visão. A sonolência é imbatível, as pálpebras arranham o mistério de teus olhos. Sentes medo do sono, percebes a morbidez do que te acomete. A janela, queres chegar até ela, precisas. Em pânico, escorregas os quadris, os cotovelos apoiados no encosto; de roldão, a almofada do assento tomba, bates com os joelhos no piso, o tronco arremete-se para a frente, o rosto queimando-se do atrito contra a madeira. O sibilo aumenta e é invencível, te alfineta os tímpanos, ribomba por dentro de tua testa, ondas de cataclismos chocam-se contra os ossos de teu crânio. Tua boca está seca, vais morrer, pensas, vais morrer e estás sozinha. Como se fosse tua salvação, te vem a imagem fraterna da outra igual a ti. Repetes-lhe o nome e o nome te empresta um pouco de vida; olhas para a porta, precisas de ajuda, de gatinhas te arrastas, a idéia do rosto te puxa, aguilhões de mil insetos em tua cabeça, a angústia de esvair-se, não queres morrer, precisas que ela te salve, ela que está mais distante de ti do que qualquer outro ser. Longa jornada, um doente igual a um infante, e tua mão agarra enfim o trinco, a porta se escancara e cais, metade do corpo no corredor do edifício. Recebes o beijo frio da laje no rosto, seios barriga coxas amassados na planura suja e gélida, tua mão se espalma e arranha a rigidez da pedra; deliras, quiseras antes a carne morna sustentando-te, o corpo aquele que tanto se conformou ao teu, que era talhado à semelhança de teus contornos, o corpo que te espelhava a vida mesma numa simetria de espelhos; o nome e a imagem da outra te transbordam e o mundo sucumbe, primeiro em bruxuleios que desmaiam para depois fundirem-se num negror de inexistência e solidão.

O que te aconteceu, Ana? A rosa-dos-ventos de teu corpo desorientou-se, todos os pontos cardeais em colapso; a falência prematura da vida. E o que foi tua vida até aqui? Tua vida feito um redemoinho de sucessos intempestivos, um acontecimento depois do outro, sempre um depois do outro, a inquietude e os muitos desejos, imprescindíveis e viscerais vontades, que mesmo a melancolia da solidão não conseguiu abafar. A morte, o que era a morte para ti, nessa sucessão de fenômenos? Uma idéia, vaga, fantasiosa, alheia, isso era a morte para ti. E, de repente, uma armadilha em teu cérebro, o corpo não reconhece o perigo que vem dele mesmo. O corpo abreviando o próprio tempo, armando o tecido do fim. Tu, assim colhida pela teia. Fios, mais e mais, até o sufocamento. Uma veia tua distendeu-se, um fio; reproduziram-se as células, a teia; o corpo ladrão do corpo, surrupiando sangue e oxigênio, até o sufocamento. A qualquer momento, a partir de agora, pode acontecer: teu cérebro pode desabrochar.

Teu cérebro estourando como um figo maduro.

Mais trapaças

Não posso voltar no tempo e mudar o passado; hoje eu sei, no entanto, que o futuro muda, sim, o passado. Depois de muitos anos, ao relembrar as coisas que foram, vejo, com complacência, um amontoado de equívocos entrechocando-se no meio de um torvelinho de sentimentos. Não que me absolva de todo, longe disso; apenas desenvolvi uma refinada maneira de auto-indulgência. Eu me perdôo um pouco a mim mesma; meu marido, contudo, por mais cúmplice que tenha sido, nunca me perdoou de nada. Eis os fatos:

Naquela noite, como de hábito, cheguei em casa muito tarde, passava das onze da noite. Ao contrário dos últimos meses, a mesa estava caprichosamente arranjada e o perfume abundante das iguarias de Vítor preenchia de delícias o apartamento: aqueceu-me o espírito um certo aroma conjugado de basilicão, cebolas e tomates. Meu marido veio receber-me, anunciando que hoje a janta era uma surpresa e que estava quase pronta. Uma só pergunta:

— Por que você nunca me contou sobre Ana?

Ana?, repeti o nome e, escutando-me, compreendi minha atonia. Ocorreu-me, na mais estreita e ínfima fração de segundo, a cena da infância no pátio da escola, a frase me vindo aos ouvidos com potência de presente, a conversa constrangedora naquele maldito coquetel de meu tio. Pressenti que Beatriz Levi não se contivera. Outro enredo sem imaginação em minha vida, o previsível se concretizando, como sempre. Respondi a pergunta com outra pergunta: o que Beatriz havia comentado? Vítor, ratificando minhas suposições:

— Beatriz me contou que você e essa moça, Ana... vocês andavam juntas... muito juntas... vocês...

Ele não sabia o que fazer com as palavras, e era a primeira vez que isso acontecia. Tampouco eu atinava o que me tocava dizer. A expectativa o transfigurara, os olhos eram fixos e a respiração tornara-se breve e custosa. Senti medo e tudo o que pude fazer foi defender-me: era algo que acontecera havia tempo, éramos amigas, estávamos sempre juntas, nos queríamos muito.

— Mas vocês, as duas...

Compreendi-lhe a falta de jeito, admirei o tato imenso ao remexer tais acontecimentos. Mas parecia que, ao longo do tempo, eu havia desenvolvido uma outra linguagem, as palavras tornaram-se abismos reflexivos e opacos. O que eu poderia responder para que ele compreendesse? Para mim teria bastado dizer que a amava, e nisso teria resumido tudo o que ele precisava saber.

Mas me parecia que a extensão de tal econômica simplicidade não o satisfaria. O que eu deveria dizer? "Sim, tínhamos dezesseis anos e éramos amantes?" Ou: "Sim, éramos namoradas, dormíamos juntas?" Optei pela segunda resposta, pareceu-me a mais completa. Apesar disso, Vítor precisava de detalhes e encheu-me de perguntas — todas algo constrangidas, é verdade. Eu, hesitante, desgostosa e estúpida, elegendo os acontecimentos mais convenientes, escorando-me numa inocência que me absolvesse e na qual custava a acreditar, respondi. Meu marido sequer piscava, agora; filtrava minhas palavras como se, através delas, ele pudesse se reintegrar à minha vida. Tentava compreender, e seu esforço era digno de comoção e piedade. De minha parte, o sentimento era o de que, na omissão de alguns fatos mais recentes, eu o traía cada vez mais, e nunca existiu tamanha distância entre boca e coração. Eu falava a linguagem dele, dialeto de ausências e vazios. Eu, tola e tonta.

— Mas essa moça, Ana — ele colocou uma inflexão muito segura na voz —, ela é a amiga do tempo de colégio que telefonou algum tempo atrás, não é verdade?

Respondi que realmente era Ana a autora do telefonema, um gesto cordial, nada demais, Beatriz havia perguntado por ela no último coquetel da construtora, ele se lembrava, não se lembrava? Sim, sim, ele se apressou a afirmar. Se eu não tinha vontade de vê-la? Sim, claro que sim, mas agora Ana morava em Paris, tão longe, passado era passado, ele não devia se preocupar.

— E você nunca mais sentiu nada por ela?

Não, ele ficasse tranqüilo; fazia muito tempo, repeti. E, repisando a mesma cantilena — tanto, tanto tempo —, a cantilena que ele entendia, muito embora a verdade que me compunha fosse outra, deixei transparecer tamanho peso de melancolia e de tristeza que acabei por convencê-lo de que aquilo tudo deveria ser conduzido à cômoda zona do silêncio. Ele aceitou o pacto implícito que eu propunha — não podíamos seguir adiante. Sorriu e foi delicado o suficiente para mudar de assunto, comentando que a comida deveria estar pronta, eu estava com fome?

Eu perdera os liames que conduziam à saída daquele dédalo que mais e mais me absorvia: minha sina parecia ser a eterna perplexidade diante da força dos erros repetidos. Mentiras e, para não perder o costume, menti vez a mais, mesmo que o estômago dissesse o contrário: sim, eu estava com fome.

Sentei-me à mesa.

Tínhamos canelones para a janta.

O despertador encolerizou-se às sete horas. Vítor, batendo-se de sono, entrou no banheiro. Me cabia mais um pequeno cochilo e abracei-me ao travesseiro. O justo adormecer já quase me vinha; o jorro da ducha apenas um sinal impaciente do mundo de fora. Foi quando o telefone do meu lado tocou. Apenas uma vez. Atendi.

Eu: Alô. (Quem, a esta hora da manhã?)

Ela: Clarinha? É você?

Eu: (Muda de pânico: as marés montantes do passado. Ana.)

Ela: Sou eu, Ana.

Eu: Eu sei. (Tão cansada, a tua voz. A bênção da tua voz, Aninha.)

Ela: Clarinha, eu preciso falar com você. Eu estou com medo.

Eu: Medo? O que é? (Medo?)

Ela: Vão me operar.

Eu: Uma cirurgia? (Me diz que não é verdade.)

Ela: Meu cérebro. Eu queria lhe ver.

Eu: Ana, por favor, se acalme. O que você tem? (Uma cirurgia?)

Ela: Uma má-formação. Pode acontecer a qualquer momento. De uma hora para outra. Eu tenho medo.

Eu: O que pode acontecer de uma hora para outra? (O quê?)

Ela: Eu posso morrer.

Eu: Ninguém vai morrer. Onde você está? (MORRER?)

Ela: Na casa de meus pais.

Eu: Quando vão te operar? (QUANDO?)

Ela: Depois de amanhã. Eu quero ver você. Por favor, Clara.

Eu: Depois de amanhã? (Medo, Ana, tanto medo. Eu preciso te ver.)

Ela: Desculpe telefonar, você está casada... Mas eu preciso. Você vem me ver?

Eu: Não importa. Já vou. (Impossível conviver com isto, com o medo, Ana.)

Ela: Estou te esperando. Um beijo.

Eu: Outro. (Outros.)

Desliguei. Ana queria me ver, precisava. Ela podia morrer.

Morrer?

Por mais que eu quisesse, que o sentido de urgência me ativasse os sentidos, continuava presa à cama. Vítor saiu do banheiro e acendeu a luz do quarto. Cabelos úmidos do banho, a fragrância característica, a imagem compacta da honestidade. Olhou-me.

— Você está branca.

Eu estava assustada, suspirei. Com o quê?, ele quis saber, dando volta com o corpo, esforçando-se por colocar o braço dentro da manga da camisa. Juntei uns restos de ânimo e de coragem; o nome dela saiu-me límpido como as duas vogais que o compunham. Ele voltou-se para mim, zonzo de pavor; era como se eu tivesse evocado o diabo:

— Ana? A de que falávamos ontem?

A indagação saiu-lhe indecorosamente aflita. Estávamos os dois aflitos, afinal. Fiz um sinal positivo com a cabeça. Perguntou-me o que ela queria. Um jorro imprevisto saiu de minha boca: minha amiga iria ser operada, algo no cérebro, queria me ver, ela podia morrer. Vítor sentou-se, desabado, na beira da cama, a expressão transfigurada, um ser perplexo e medroso.

— E você vai vê-la?

Sim, afirmei com toda a convicção que me faltara durante a vida. Ele adivinhou:

— Você nunca deixou de querer esta moça, não é assim?

Por misericórdia, por lealdade, por sei eu que espécie de sentimentos, concordei, ele tinha razão, eu a queria. E logo depois, como quem corrige uma grande falta, emendei: eu a queria muito. A expressão dele foi ruindo aos poucos, desmanchava-se; num repente, tentou objetar, debatendo-se, aquilo era obsessão minha. Talvez, eu falei, quem poderia saber? As palavras, ainda que breves, aliviaram-me, tornaram-se transparentes, a luz passava através delas; não mais o anteparo opaco, não mais as virtudes nebulosas da fantasia. Ele adiantou o tronco e tentou ainda uma última vez:

— E se nós fizéssemos de conta que essa moça nunca existiu?

Como eu poderia fazer de conta?

Ele passou os dedos no rosto escanhoado:

— Cheguei a pensar que era Natália. Eu deveria saber. — Segurou a cabeça com ambas as mãos e o corpo se convulsionou. Sucumbiu, por fim, ao desespero.

Tentei me aproximar. Eu queria abraçá-lo, mimá-lo, aliviá-lo. Contagiava-me o sofrimento, e a noção de que penávamos por coisas diferentes ainda mais impeliu esta vontade. Ele fez um gesto com a mão para que eu me afastasse. Chorava.

Fui até o banheiro, tomei uma ducha rápida, vesti-me: máxima urgência, a maior de todas, Ana podia morrer. Antes de sair, deixei a aliança de casamento em cima da mesa de jantar. O rebrilho metálico trouxe-me a imagem do sorriso de meu pai. Pensei, de imediato, na minha mãe e nos meus irmãos, todos atrás do mais-que-perfeito. O meu, agora, estava desfeito.

Vítor já havia saído.

Medulla oblongata

Na casa da rua Auxiliadora, todas as janelas estavam abertas. Toquei a campainha e atendeu-me a mãe de Ana. O que eu deveria dizer àquela mulher? Ela adivinhou meu desassossego na presciência das mães.

— Ela está dormindo, Clara. São os remédios.

Observei-a e tive imensa pena do aniquilamento inscrito em cada ruga. De imediato, tive pena de mim. Falei que Ana me telefonara.

— Eu sei. Entre, minha filha.

Obedeci. A casa tinha olores pesados e difíceis. Um conjunto de malas estava próximo à porta. O pai de minha amiga apareceu e estendeu-me a mão. Correspondi ao cumprimento e sentei na poltrona que me indicavam. Afundei-me, pronta a escutar. O resumo dos fatos:

— Ana tem uma má-formação no tronco cerebral. — Falava o pai. — Talvez possamos salvá-la com a cirurgia.

Talvez? Possibilidade e dúvida. Mais possibilidade do que dúvida? Ana ia morrer?

— O acesso é difícil. Qualquer lesão... — Ele não terminou a sentença; fez um gesto de desistência com a cabeça e passou os dedos pela testa e pela calva. Recompôs-se, finalmente, e tentou ser mais preciso: ali estavam os centros de funções nobres, respiração, batimentos cardíacos; o emaranhado de veias e artérias, a precisão milimétrica da estrutura. Falava, mas a voz foi escasseando e escasseando, quase desistindo de ser ouvida. Por fim, calou-se para logo repetir, convencendo-se ou lastimando-se, não sei bem até hoje: — Qualquer lesão...

Ana ia morrer? Mais dúvida do que possibilidade, era certo. O itinerário quintessencial, o extrato de tudo a ponto de acontecer. Fugia-me o entendimento, queria eu fugir. A mãe levantou e saiu da sala; tive impulsos de segui-la. O pai de minha amiga apoiou os antebraços sobre as pernas, a cabeça pendeu, vencida. Depois, ergueu-se, tomando impulso nos joelhos. Os dedos tinham o mesmo formato dos de Ana. Tão exatamente semelhantes que me pareceu algo sobrenatural. Tudo sobrenatural. Ana podia morrer.

— Se nós não tentarmos a cirurgia, é só uma questão de tempo. — A palavra *tempo* saiu-lhe demoradamente, as consoantes lutando em vibrações fatigadas. Os olhos dele eram piscos e lastimosos. — Por isso optamos por operá-la. Ana quis voltar para o Brasil. — E encarando as malas com toneladas de desgosto: — Chegamos ontem.

A morte na nossa frente. Olhávamos para a bagagem, como se Ela estivesse ali, enfiada entre roupas e livros.

Uma grande mudez de luto nos unia. A mãe de Ana entrou na sala, interrompendo nosso ensimesmamento. Equilibrava três xícaras numa bandeja; ofereceu-nos e sentou. Apoiou o pires sobre a mão esquerda. O café estava amargo e bebi sem gosto. Meu impulso era o de ir até o quarto, despertar minha amiga, ver se ainda vivia. Controlei-me: e quem iria operá-la? O pai de Ana serviu-se de mais uma colher de açúcar e mexeu com lentidão, círculo depois de círculo.

— Doutor Rosenblatt. Já falamos com ele. A cirurgia está marcada para depois de amanhã.

Doutor Rosenblatt, o mago de minha infância, a maleta cheia de ardis. Qual o truque que ele podia guardar para a ocasião? Foi a vez da mãe de minha amiga dizer alguma coisa:

— Clara, Ana não fala outra coisa senão em voltar a vê-la. Seja bem-vinda em nossa casa.

Abandonei o café e fiquei olhando a mulher. Quis dizer-lhe alguma coisa mas continuei muda, embaraçada e triste. Os pais de Ana também se constrangiam. Eles sabiam, sempre souberam de nós, as duas, decerto soubessem de meu marido. Agora, num ato extremo de amor, concediam. Que nobreza era aquela que as tragédias propiciavam?

Foi quando Ana apareceu na sala. Silenciosa e espectral, flor mística que pertence ao mundo das irrealidades. A camisola branca ia-lhe até os pés; cabeça e membros feito breves magnólias. O rosto tinha a exaustão das doenças, mas as pupilas, custando a renunciar à vaidade, constituíam-se em tons verdosos e limpos. Havia em Ana um aspecto de beleza implícita ou transcendente, algo sutil mas que se impunha sobre todas as impressões visíveis que eu pudesse alcançar. Ao vê-la ali tive noção exata do engodo a que me submetera: o tempo sem ela fora um tempo errado. E eu estava ali porque ela assim o quisera. Os pais de Ana retiraram-se da sala, polida misericórdia. Ela falou meu nome e estendeu os braços à frente do corpo: queria-me. Caminhei nas fascinações daquela imagem, sorrindo como quem sorri para um arcanjo.

Ana tomou meu rosto entre as mãos. Senti os dedos pressionando minhas têmporas, os polegares sob meus maxilares. Ela me atraiu e me beijou suavemente, a língua acariciando meu lábio inferior. Envolvi-a nos meus braços e, sentindo a constituição descarnada, tornei-me menor do que ela; não sabia se eu era uma criança ou uma amante.

Eu deveria consolá-la?

Queria que ela me escondesse debaixo de seus braços, protegendo-me de todas as ameaças. As agulhas do desejo estavam ali, mas também havia um descanso sonolento, como num barco. Ela balançou o corpo calmamente, levando-me com ela, mar calmo, mar debaixo de céu limpo, um barco com chão de vidro, e não havia mais nada a temer. Mais nada.

Depois me tomaste pela mão. Agias com naturalidade, como se sempre tivéssemos estado juntas; agias como se a ausência e o sentido do tempo fossem nada frente à tua vontade e teu cansaço. Me conduziste até o quarto e, humilde, te segui os passos vagarosos. Teus dedos pressionavam de leve os meus e eram, no entanto, robusta corrente: prendiam as coisas afastadas que inevitavelmente deveriam estar juntas. Me contaste dos teus padecimentos numa voz de tons descorados: fazia dias as vertigens assolavam-te, o ruído das turbinas ainda te machucava, tinhas sono, mal e mal pudeste dormir durante a noite, não sabias se eu acudiria a teu chamado. Pois eu estava ali e deverias descansar, foi o máximo que te pude dizer; eu que começava a temer as palavras. Fechei as cortinas e acomodei-te, minhas mãos amparando em concha a tua cabeça, e tua cabeça leve como um balão de gás. Quiseste saber por quanto tempo eu ficaria contigo. Para sempre, era uma promessa, respondi, e soou-me falso o juramento, não pela intenção, mas pela precariedade. Para sempre, repetiste; para sempre, voltaste a repetir docilmente; te adonavas das palavras com fé. Eu me enchi de temores.

Para sempre?

Falaste que não querias dormir, que querias me ver, que passarias horas me olhando, horas, tamanha saudade sentiste, tanta falta te fiz. Mas os tranqüilizantes te roubavam, te induziam o sono, as palavras foram se engrolando, até que só restou um pedaço de sorriso na tua boca. Adormeceste, o rosto finalmente desassombrado; descansavas.

Fiquei a teu lado, pensando que tudo em ti se havia alterado.

As formas de morrer

As palavras são o instrumento de Deus, e só Ele as conhece. As coisas, porque não conhecem as palavras, querem perseverar em seu ser.

A pedra, por exemplo, quer ser eternamente pedra.

As palavras, Ana, as palavras que eu pudesse te dizer viriam alteradas pelo desespero e seriam sempre só sons ocos. Sons ocos que teus ouvidos mal e mal distinguiriam, tudo em ti se diluindo tão tristemente, tu afundada em sono e em paz. Por isso permaneci a teu lado, evitando tocar-te, sem poder evitar o desespero. E tu, dona de teu mundo, deusa de tua vontade, o que mais querias a não ser continuar vivendo? A Idéia ali, próxima de nós, entre nós, parede diáfana e poderosa afastando-nos as duas, privando-nos uma da outra. Agora, tua vida era assim: um barco que, mesmo visível do porto, se afastava numa curva, apenas tangenciando a circunferência essencial para depois se perder à distância. Eu, parada no cais, eu lançaria cordas da minha vida para te resgatar, para te ter radiosa pulsátil aérea ao meu lado alguns anos mais, algum tempo mais. Que se transferisse uma porção de meu Sopro para ti e que navegasses comigo nesse condensado globo ainda um pouco: isso era tudo o que eu pedia Àquele que conhecia as palavras e que nos designou a mim e a ti para nos juntarmos somente nessa hora.

Dormias, Aninha, dormias e temi que te tivesses ido. Dormias como que já entregue à inevitabilidade do que queríamos ludibriar; tão manso, tão quieto, tão cheio de brilho teu rosto como se a vida se perpetuasse depois e fosse tudo apenas isso mesmo, dormir. A luz se irradiava através das cortinas, elas próprias se incendiando; me emprestavam as cortinas, por condescendência piedosa, uma nesga da tarde para que eu te pudesse ver. Linda, linda estavas. Teus cabelos bordavam-se na fronha em espessos caminhos, tons e tons acastanhados pregando-se no pano branco, religiosamente branco; uma festa de vivos contrastes e teus cabelos desconheciam as desordens que a doença tramava em ti. Tua fronte, no sono, não tinha as gelhas da preocupação ou do sofrimento: a testa como serena planície, somente interrompida pelos arcos simétricos das sobrancelhas, os cílios, longos, claros e curvos, uniam-se no arremate das pálpebras, ali onde serpentes azuis descreviam finos esboços. Não te podia ver os olhos, mas sabia que uma torrente se represava atrás do sono; o êxtase de todas as folhas ervas algas, de todos os verdes.

Teus olhos, Ana, expressivos nos humores aquosos e vítreos, compacta massa vegetal sempre cheia de exclamações. E essas rugas, essas pequeníssimas rugas nos cantos dos olhos, cuja construção se fez longe de mim, essas rugas, pérfidas e injustas, não as tinhas em nossa adolescência. Também eram novas essas fundas manchas lívidas cavando poços abissais de cansaço e tristeza e desolação. Inquietei-me porque teus lábios, quase abertos, estavam secos, laminavam-se pela sede; mas debaixo da pele crestada, sabia que a carne continuava rubra, pungentes veias carregando os sumos de teus interiores, o suave côncavo de tua boca.

Quantas vezes beijei tua boca?

Poucas, muito poucas vezes, insuficientes para uma vida, dei-me conta. Por piedade de mim mesma, por sentimento, por amor, ultrapassei a muralha entre nós e beijei tua sede uma vez mais. Próxima de ti, na aragem de teu hálito, sem afastar meu rosto do teu, quis acreditar, Aninha; quis acreditar com empenho tolo, sem nenhum escrúpulo; minha voz pura volição.

Quanto tempo fiquei à beira de tua cama? Uma hora? Duas? Um tempo que não passou, que não houve; tempo vindo de mim, delirado. Relembrei os dias de meu exílio sem ti, reverti fim e início, manhã e noite, as horas para trás; dias tortos, incompletos, sem arremates, dias que não foram meus, a lembrança tornando-me uma visitante ocasional de minha própria história; eu feito uma assombração minha. Não me servia um só dia do passado e descartei-os porque não eram meus, porque não estavas; pensava que, tampouco adiante, não me serviriam as horas da vida sem o sacramento de tua existência.

Abriste os olhos e, estremunhada, me olhaste. Disseste meu nome, repetiste, e ouvi-me na tua boca e senti como se não fosse eu, como se fosse um nome alheio, a palavra designada a outro ser; a graça de tua voz, eternamente repetindo meu nome; e escutei meu nome dito por ti como quem escuta a própria Palavra. Coloquei-me de joelhos ao primeiro batismo de minha vida, à consagração que me dava a santidade de tua voz; ajoelhei-me ao pé de ti, deixei-me persignar testa boca peito por tuas estranhas cruzes. Teus olhos me acolheram em vórtices de esmeraldas, dois rios de preciosa cintilância; teus olhos e teu rosto, Aninha, teu rosto irmão do divino, o ato criativo em tuas feições; anjo meu, mensageira redentora, rainha dulcíssima.

Me passaste a mão pelos cabelos e pelo meu rosto, os dedos colhendo lágrimas, e me disseste não chora, Clara, não chora, meu amor. Te olhei, quis que repetisses ainda uma vez as palavras consagradas, o afeto que roubei de ti e que mantiveste, contudo, porque já era teu. Apoiei meu rosto em teu peito, o macio da carne sob a camisola, os seios trementes, tua construção de estátua.

E te desejei.

E tu, que nunca ignoraste meu desejo, e porque a vida se alojava tão profundamente em ti, ainda mais me abraçaste, e me disseste vem, meu amor. E te vim, temendo afrontar-te a debilidade do corpo. Mas, firme, a pedra que eras, me seguraste o rosto entre as mãos e me trouxeste tão perto de ti que pude ver o caudal de tuas pupilas. Teus lábios feito asas, translúcidas vagarosas macias membranas. O beijo da bênção, pensei, e me senti redimida dos males que te infligi ao longo dos anos. Me encorajaste a que te retribuísse o carinho e, temendo, coloquei minha boca sobre a tua e um arrebatamento de arrepios percorreu-me. Morreria eu de tanta Graça. Vasculhei-te com delícia, apreciando tuas texturas, as texturas do mundo que resumias para mim; corri a língua por pedras e cetins, pelo céu rugoso, pelo áspero das papilas, pela lisura de tuas mucosas; agora, tua sede se tinha ido e estavas cheia de líquidos, a vida derramando-se de tuas glândulas: benzia-me tua saliva. Tuas unhas rasparam minhas costas, tua respiração apressou-se; moções da urgência. Então, te apoiaste nos cotovelos e soergueste o busto; demasiado esforço para ti e te alcei o tronco. Te desvesti e me admirei, como sempre acontecia, do sublime de tua nudez. Tua nudez tão próxima, Aninha, sempre tão comovedora. Livrei-me de minha roupa e voltei às artes que a Natureza havia plantado em ti. Sim, muito havias emagrecido, salientes as costelas, os duros ossos que te guardavam o coração. No entanto, o desejo vivia entre a pele e osso; mais: nutria-se nas tuas vísceras, nos órgãos, nos sistemas, nos sucos; a linfa de desejo te inundava até a medula, escorria de ti em derramamento. A mim me contagiavam tuas ganas; as pulsões resguardadas havia tanto. Afundei a cabeça em teu ventre e apreciei o movimento de todos os fluidos de todas as entranhas. Teu ventre, Aninha, o organismo semovente, digestão, peristaltismo, o contrair e expulsar involuntários que te garantiam a vida. O corpo produzindo resíduos para continuar inteiro e limpo; o teu corpo limpo, purificado de tão limpo, santo, santíssimo. Beijei a cicatriz de teu nascimento e bendisse tal hora. Escorreguei os dedos por tuas coxas, arrepiando a fina penugem. Tuas pernas haviam perdido a massa robusta que as constituíam; pude percorrer-te a anatomia, o conjunto de músculos que se entrecruzavam: um dos feixes vinha desde o joelho, alteando-se em tesas fibras, para descansar somente junto à virilha.

Junto àquela ferida.

O que te fizeram? Entraram por dentro de ti, vasculharam tuas artérias, navegaram teu sangue, avistaram a topografia de teu cérebro, os dois hemisférios como mundos parelhos e reflexivos: descobriram a ilha maldita que se expandia em tua cabeça. Te violaram, Aninha. Acariciei-te a cicatriz medonha, a junção imperfeita da carne, o sangue estancado numa ânsia de plaquetas e corpúsculos, a constituição lenta das cicatrizes. Espalhei os dedos no meio dos pêlos e ali repousei, cansada, muito cansada. Mas querias que eu seguisse e logo aspirei o cheiro de alúvios, penetrante aroma de leveduras, enzimas fervilhantes, emanações de tua aflita intimidade. Teu sexo tinha o gosto das vicissitudes dos anos; o mesmo gosto cálido da polpa sob o sol. O ar e o gosto que me vinham de ti, tão sagrados como a própria vida, agora me integravam. Uma vez mais chamaste meu nome e me afastei desse pequeno paraíso, dessa bendição terrena e acre. Apoiei o corpo sobre as mãos e avancei pelo teu tronco; de macio, sem pressa. Teus seios me aguardavam numa impaciência leitosa, os mamilos levitando, botões de argila a esparramar-se no volume farto. Arquejavas. Mimei-te e mimei-te, vergastando tua pureza com o instinto que me impelia. Deitei-me sobre ti, as aréolas se encontrando, os tecidos almejando por se tornarem um só, a fusão ímpar a que o corpo aspira. Me enlaçaste e senti na barriga o lodaçal de tua pressa, o visgo em enchente morna; teus quadris se moviam com vagar e demora, tuas pernas com poder imprevisto. Cerraram-se tuas pálpebras, tuas narinas incharam-se, o conhecido ricto; tua boca tragava a cor do ar, azuis roxos rosas, diluías nos pulmões as sete almas do arco-íris; tua pele feito prisma a fracionar a luz. Tinhas a existência de um astro e teu corpo, agora, orbitava dentro de mim; tu, Aninha, esfera densa de matéria primária esperando a explosão. Amei-te a delitescência, evolou-se o pânico e pressionei meu ventre contra o teu. Pouco tardaste, curta a respiração, curtos os movimentos, tuas unhas rascando meus seios, afiadas em minha nuca, a boca como um órgão exposto, como uma fruta desafiando a flor, torções de palavras impronunciadas, a espuma fresca estourando na tua língua; tu toda contraída e mais ainda contraída, por um triz o desvairamento dos sentidos. Pronunciaste meu nome dolorosamente e te sobreveio um forte arquejo; prendeste o ar por alguns segundos, o ar e suas cores, até que expiraste fortemente, inundando o quarto, as cortinas, o dia com tua mais genuína pintura.

Desanuviou-se teu rosto, tuas mãos escorregaram por minhas costas, pelos meus braços e descansaram. Eu não podia mais do que aquilo; que houvesses chegado me bastava. Afastei-me e te admirei a falsa morte, carne ansiando ser carne, bela e exausta estátua jacente.

Qual a palavra designada para ti naquela hora?

Dura-máter

A casa estava quieta, imenso ventre de pulsações adormecidas. A luz da rua, deixaram-na acesa e apenas uma claridade opalescente revivia os móveis da sala. Sofá, poltrona, mesa, cadeiras; a pequena lareira de tijolos brancos e sua grade de ferros forjados. Nesse cenário familiar, uma iminência trágica adejava, o sentido assombroso de que tudo fosse ruir, não só a sala da casa de Ana, mas todo o entorno. Fui até a cozinha e, na semiescuridão, encontrei o armário das louças: um copo. Abri a geladeira e um triângulo de luz afrontou a maciez da penumbra. Servi-me de água, encostei-me no balcão de pedra e bebi em pequenos goles. A água não me saciava, não era sede o que eu tinha.

Trovejou e o eco ribombou pelas paredes. Assustei-me, talvez Ana tivesse despertado com a fúria. Corri até o quarto, guiando-me pela pequena lâmpada de cabeceira que lhe guardava o sono. Encontrei-a na mesma posição: o rosto afundado no travesseiro, as cobertas roçando o pescoço, as lâminas dos lábios translúcidas e entreabertas, a respiração muito funda e muito calma. Como se nada fosse.

Deitei-me no colchão que me servia de cama, e que a mãe de Ana preparara com desvelo, atendendo ao desejo da filha. Pensei que não tinha sede, não tinha sono, não sentia nada; queria que amanhecesse e que a chuva se esgotasse. Vi que a mão de Ana se crispou, um movimento de espasmo. Alertei-me, mas logo ela pronunciava meu nome, erguendo a cabeça. Os olhos estavam baços e injetados, as olheiras machucavam a expressão em sulcos violáceos. Levantei e fiquei de joelhos ao pé da cama.

— Sonhei — disse ela.

Falei que era tarde, ela tentasse dormir, doutor Rosenblatt havia recomendado.

— Eu sei — Ana respondeu, apertando meu pulso com tensão. Depois encarou-me pesadamente, uma mirada que me calcinou os sentidos: tinha medo.

O medo. Uma reação instintiva em face do perigo. Um impulso ancestral de preservação. Eu queria fugir. Para onde?

— Você está com medo, Clara.

Era óbvio, e mesmo assim, medonho. Aninha puxou-me para junto dela.

— Não vai ser nada, não se preocupe. Vem, deite comigo.

E assim dizendo, abriu espaço com o corpo. Deitei-me e abracei-a. Ela enroscou-se em mim, pernas e braços me atando, e logo, potentes drogas, adormeceu. Eu, como estava, espremida entre a parede e o corpo morno, me dei conta de que nunca nos tocara, a Aninha e a mim, uma cama de casal; nunca um espaço em que pudéssemos traçar fronteiras: este lado é meu, este lado é seu; eu leio, você dorme. Mas, mesmo que houvéssemos partilhado uma cama da largura de um oceano, tive certeza de que Aninha me prenderia naqueles nós como se ela fosse um polvo, e que eu teria de conciliar o sono presa a essas correntes que mais me propiciavam o desejo do que o descanso. Distraí-me com esse pensamento e vaguei o olhar pelo quarto. Na estante de livros havia aquela antiga imagem de uma santa, a pátina mais evidente por efeitos da luz fraca. Os braços, abertos, estavam à frente do corpo, as palmas das mãos voltadas para o alto num clamor evocativo. Os olhos, como de costume, eram ocos. E se aquela santa de olhos inexpressivos pudesse, de verdade, fazer um milagre?

O dia seguinte, enfim

Despertou-me a mãe de Ana com um gesto de carinho nos meus cabelos. Durante a noite, umas três ou quatro vezes percebi que assomara à porta e, sempre se espremendo no chambre, perscrutara o rosto da filha com angústia. Ela esperava que viesse a manhã, que viesse a tarde, que viesse a noite e que viesse a cirurgia. Todos esperávamos.

Nem eu, nem o pai de Ana, nem a mãe fomos trabalhar naquele dia. Fiz com que minha amiga tomasse o tranqüilizante das dez horas, a pílula azul e áspera. Beijei-a e saí, não me demorava.

Estiara. No trajeto até minha casa, comecei a sentir os latejamentos da dor; penosas ondas me vinham desde a nuca, oprimindo-me a testa. Tremendo e com náuseas, girei a chave na fechadura. Deserta a casa, sequer o perfume amadeirado restava no ar. Fui até o quarto e abri todas as portas do armário: blusas, saias, casacos permaneciam no mesmo lugar. Ternos, calças e camisas cederam espaço a um grande claro. Alisei a superfície lustrosa do roupeiro, segui os veios da madeira, consolei-me junto ao aroma de linhaça. Estirei-me na cama, descobri o perfume de Vítor no travesseiro. Aquele era o último rastro de meu marido. Eu sabia que por escrúpulo — nunca por desamor — ele havia recolhido suas roupas e seu cheiro.

Engoli duas aspirinas e tomei um longo banho. Telefonei para a televisão e falei com Natália. Ela agitou-se: quem estava doente? Depois explicaria melhor, prometi. Minha amiga tranqüilizou-me, tomaria as providências necessárias. Antes de desligar fez uma última pergunta:

— Clara, é caso de morte?

A cefaléia recresceu a partir daquele momento. Sim, era.

Quando venci a esquina, ganhando a Auxiliadora, percebi um vulto numa das janelas da casa. Uma visão: era Ana, e, por um instante, me pareceu que aquele quadro nunca se houvera desfeito. Abriu-me a porta, os gestos pausados. Os pés, que costumavam mal tocar o chão, arrastavam-se penosamente. Apoiou-se em mim: as vertigens tinham voltado. Por que então aquele esforço de caminhar até a janela?, reprochei-a, enquanto a acomodava no sofá. Ela me deu um sorriso que era só melancolia e mais uma de suas frases fascinantemente simples: ela gostava de me ver chegar. Sentei-me a seu lado, pensando que nem a enfermidade podia domar aqueles humores lânguidos e imprevistos, as vontades recalcitrantes, as sentenças enxutas e exatas. Ela, num outro impulso, atreveu-se a uma pergunta:

— E Vítor?

O sentido póstero da indagação, o tom aflito de quem necessita de um futuro abalaram-me, tornando ainda mais exasperante a enxaqueca. Planos, ela precisava de planos; ela urdira o entrecho de sua própria vida através de finíssimas projeções, quimeras de potência irreversível. Teríamos o direito de fazer planos? Respondi-lhe que as roupas de Vítor não estavam no apartamento. Os olhos dela cintilaram, mas voltaram a se ensombrecer.

— Clara, e se eu morrer?

Morrer?

Ela não ia morrer; não ia, estava me entendendo? Ela repetia que sim, que me entendia, eu não vou morrer, as mãos agarraram a camisola, eu não quero morrer, os punhos batendo nas coxas, eu não quero, o corpo em estremeções, vai dar tudo certo, a voz exaltava-se num crescendo, eu não vou morrer

— Não quero morrer! — gritou, enfim.

A violência perigosa da vontade, veias, vasos e artérias inundados de furor. Um esforço desumano para contê-la, a duras penas a imobilidade: não ia acontecer nada, eu não ia deixar.

Não ia deixar.

E nos abraçamos as duas, desesperadas, tremendo de medo, as duas com medo igual, as duas com pavor igual.

Nós que sempre fôramos tão iguais.

A tarde

Dentro do carro, partilhamos o espesso mutismo do medo. Com o mesmo medo entramos no hospital, no elevador destinado aos pacientes, no quarto. Os cheiros eram bem meus conhecidos; nausearam-me. De novo quis fugir. Para onde?

Ana deitou-se e ficou ali, na vulnerabilidade de uma cama estranha. Logo duas enfermeiras com seus passos modestos cercavam minha amiga, comprimidos, tubos, frascos, cateteres, seringas. Uma tira de borracha garroteou sem dó a pouca carne do braço; a pele se franziu, as veias se ofereceram numa abundância sofrida. A agulha cravou-se, oblíqua, o êmbolo, lenta e gradualmente, recuou, sugando uma porção incrível de líquido, a essência rubente deslizando pelo metal, massa ígnea de vida confinando-se entre as paredes de plástico. Desviei o olhar da cena maldita e avistei o crucifixo na parede justo em frente à cama. Braços abertos, os pés juntos, chagas, coroa de espinhos, a pose da morte. Eles acreditavam que Deus tinha um filho e que o havia oferecido em sacrifício. A enfermeira colocou a seringa cheia de sangue numa bandeja de alumínio e, pisando nas sapatilhas, retirou-se pressurosa. Quantos sacrifícios mais, então, seriam necessários?

Doutor Rosenblatt apareceu no fim da tarde. A maleta, os óculos, as cãs. Quando me viu, apontou com o queixo: o que eu estava fazendo ali? O pai e a mãe de Ana falaram ao mesmo tempo, uma acanhada balbúrdia. Ana interpôs-se:

— Ela é minha amiga.

A expressão seguinte do médico foi a de quem adivinhou algo de suma importância, que eu não cheguei a compreender. Ah, amigos, bom ter amigos, explicou-se. Não me fez mais nenhuma pergunta. Eu esperava que ele sentasse e abrisse a maleta, os prodígios dos estetoscópios, termômetros, espátulas. Ao invés disso, continuou de pé. Num gesto afabilíssimo, pousou a mão na perna de minha amiga e, assenhorando-se de toda a atenção de peça, quis saber: doía-lhe a cabeça? Continuavam as vertigens? Ana apertou os lábios e me olhou, como se eu soubesse as respostas. E como eu ia saber? Finalmente, ela disse que lhe doía a cabeça e que as vertigens continuavam. A mãe de Ana abraçou-se ao marido. Os dedos do médico, completamente repousados, contornavam o tornozelo mimoso; não moveu um músculo do rosto: indagou se ela estava com fome. Não, ela não tinha nenhum apetite, fazia já algum tempo. Doutor Rosenblatt disse que, a partir daquela hora, só lhe serviriam líquidos, certo, mocinha? Ana consentiu, mas suas preocupações mais verdadeiras revelaram-se na pergunta seguinte, feita com olhos de pavor:

— Vão me cortar os cabelos, não vão?

A mão dele se contraiu, provocando dobras no lençol. Tirou os óculos e voltou a colocá-los. Sim, era necessário, minha filha.

— Mas você não vai sequer ver nada; você vai estar dormindo, é melhor.

E assim dizendo, rumou para a porta. O pai de Ana seguiu-o e eu fui atrás. Pararam junto à enfermaria; observei-os a distância. Conversaram por um curto espaço de tempo. As palavras do médico eram murmúrios, sopros perdidos no caos de cheiros e ruídos assépticos. Apertaram-se as mãos, o pai de minha amiga voltou ao quarto, a cabeça curvada num consentimento pesaroso. Doutor Rosenblatt veio em minha direção:

— E seu marido, Clara?

O que eu deveria responder? Ele estava bem, obrigada.

— E a cabeça?

Dói às vezes, falei um tanto sem jeito; hoje, por exemplo.

— Venha conversar comigo. Andaram lançando novos remédios para a dor.

O acento estrangeiro dele era gracioso. Remédios para a dor. Uma enfermeira passou por nós, prudente e discreta como se não quisesse ser vista.

— Sua mãe estava muito bonita no dia do casamento.

É, concordei. E, na mesma sentença, emendei: ele achava que Ana tinha alguma chance?

Passou a mão pelos meus ombros, fazendo com que o acompanhasse. Os pés na mesma cadência, começamos a caminhar pelo corredor. Todas as portas estavam fechadas. Os passos ecoavam metálicos pelas paredes azulejadas. Ele inspirou profundamente e disse reflexivo:

— *Dans la médecine et dans l'amour, ni jamais ni toujours.*

Mas eu queria muito que ela vivesse, insisti.

— Eu sei — ele afirmou. — Sei de tudo.

Tudo?

— Vocês se conhecem há muito tempo, não é verdade?

Desde a adolescência, esclareci.

— Seu pai e eu éramos muito amigos, ele me confidenciava coisas. — Parou e ficou de frente para mim. A seguir, beijou-me a testa, recomendou que eu me cuidasse e que ficasse ao lado de Ana. — Ela precisa de pessoas que a queiram bem. Seu pai, se fosse vivo, talvez soubesse entender.

Fiquei parada, basbaque. O elevador engoliu-o com sua porta de madeira gasta e antiga.

A noite

Foi uma das inúmeras vezes da minha vida em que quis conversar com meu pai. Ficaria quieta, escutando a voz plana, o tom calmo, as palavras medidas; nenhum exagero nos gestos, apenas a brasa do cigarro indo de cá para lá, marcando pausas e avanços, a pontuação reticente dos discursos da memória. Muito especialmente faziam-me falta, naquela hora de espera, os grandes silêncios a que se entregava meu pai, lacunas do pensamento que sempre me competia preencher. Faziam-me falta, portanto, as palavras não articuladas, áreas de lucidez e plenitude. Principalmente de lucidez.

Talvez eu tenha dormido, não me recordo. Ouvia passos sorrateiros no corredor, ouvia os barulhos abafados das madrugadas. Aguçara-se o sentido da audição na ausência da luz e era terrível porque me parecia distinguir o gotejar descontínuo do frasco de soro, o líquido escoando-se com paciência para dentro das veias de Ana; o instilar monstruoso e injusto.

Às seis horas da manhã, iniciaram os movimentos do amanhecer, precedidos por uma claridade azulada. A porta do quarto se abriu e receei. Eram os pais de Ana, o massacre nas expressões: não haviam podido descansar. Pouco depois, compareceu uma enfermeira.

E outra.

Logo era uma milícia em torno do leito de Ana, balbucios inextricáveis, mais seringas, tubos, cateteres, um novo frasco de soro, os vestidos brancos das sigilosas provocando-me uma inquietude crescente e incontrolável. Aproximei-me. Minha amiga estava desperta, os olhos machucados e vazios. Como os da santa. Vazios os olhos de Ana; pela primeira vez na vida aqueles olhos se calavam, anestesiava-se a vontade das pupilas, apagava-se o flamívolo reluzir das íris. Quis que ela reagisse, que os manes se concentrassem e se expandissem ali, mais uma vez.

Aterrei-me: era hora.

Ruído de metais, borrachas deslizando pelo plano do chão.

Sim, levavam-na.

Uma das enfermeiras olhou para as demais, contrafeita, e estacou o passo: os dedos de Ana apertavam-lhe a mão com energia. Todas pararam. Minha amiga ergueu a cabeça e olhou-me. O rosto havia adquirido finalmente as cores sacramentais da consciência, as pupilas latejavam de viço, a vida subterrânea aflorava nas órbitas, rompendo o embaçamento da inércia. Os olhos de Ana, cisternas opulentas de vida, me empaparam de doçura. Desordenou-se o mundo e precipitei-me para junto da maca. Tomei-lhe a mão, fascinada com os eventos. Nervos ossos cartilagens; a carne tão frágil e a um só tempo tão poderosa. Atei-me a ela, os cordões de minha existência alimentando-se do macio contato, das unhas, das cutículas, do resumo da força em preensão e garra; eu nutrindo-me de Ana, ossos, músculos, gordura, derme, epiderme, a pele rendendo-se à conformação do esqueleto.

E ela disse sem pudor, o cântico escandaloso e terno, as três palavras consagradas, aquelas que, junto com o nome de Deus, eram a essência do Mistério.

Levaram-na.

Ana e seu sono

Levam-te, Ana, e ainda posso te ver nesse momento, pouquíssimo tempo antes de te perder de vista, antes que despenques no firmamento que é teu, antes que te percas em meio aos agrupamentos das estrelas, antes que inaugures mais uma marca imprecisa no zodíaco. Admiro-te a beleza doente, os veios ingratos de padecimento, a lividez onde se afundam teus olhos opacos e, mesmo assim, abençoadamente verdes. Levam-te, e és mais um ser doente, só mais um, a quem tentarão salvar. O que posso fazer por ti em tal momento? Quisera restituir-te a dignidade; pelo menos, quisera dizer-te palavras que escutasses e que te servissem de lenitivo e de amparo, diferente do que tem sido dito até aqui. Na medicina não há espaço para a nobreza: um léxico bruto de restos e expulsões. Tu igual a bilhões de outros, tu sempre tão inédita e singular em tua vida, tu agora transformada num corpo que se revolta contra si mesmo, tu só mais um corpo prestes a ser violado. Quisera estar em tua intimidade, emprestar-te um pouco de calidez, haveria de ter nas mãos teus órgãos, correr com teu plasma, afagar-te à flor de tua pele, vibrar nos pequenos ossos de teus ouvidos, fazer-te humana, dolorosamente humana como deveriam ser as pessoas nessa hora. Mas não: apenas acompanho o traçado de tua maca pelos corredores. E me dôo e me apiedo porque a mais linda das filhas do mundo se vai numa incorruptível solidão.

Agora se esvaziam os sentidos, não te reconheces em nada, as palavras não se parecem com seus próprios sons, tampouco se assemelham às coisas que dão nome. O nome das coisas te falta, Ana, e justo na hora em que todos os nomes terias a dizer. Te falta, assim, o ânimo, te falta o tino, te falta a ação dos membros, tu mergulhada nesse torpor, o torpor te roubando as palavras e as palavras inarticuladas jazendo no inocente seio das coisas. Levam-te, o movimento te tonteia e escutas o perpétuo oco ruído da borracha em atrito com o chão. Vagas, perdida e sutil, teu corpo levita angélico sobre a maca, a mesma maca que, de tanto isolamento, te parece grande e imprecisa como um continente. As camas solitárias, as camas que te couberam em vida, largas como extensões de territórios desabitados, repetem-se agora nesse precário leito de doente, o leito que deambula por corredores de luzes frientas e metálicas. Teus olhos, confusos de inexatidão, só encontram rostos que desconheces, que te desconhecem, que te tratam como se não mais estivesses aqui, caras sérias, duras, perfiladas, marcha de pedra que queres interromper, que quisera eu interromper, se pudesse. Nada, no entanto, nenhuma reação podes esboçar, os braços atados pelas robustas correntes dos remédios, cânulas que te esvaziam de ti e que, sabes, mais e mais te induzem às nebulosidades desconhecidas. Tua mão, porém, ainda vive e conhece a lucidez vigorosa do tato, a sabedoria da pele: queima a tua mão do contato da outra, da outra mão, os dedos outros como prolongamentos fantasmas dos teus, a pele incendiada te traz a imagem amada da tua igual, aquela que te veio, finalmente ela te veio, e pensas que vais viver para tê-la a teu lado ainda anos, muitos anos mais. Te conforta a idéia, te confortam as palavras de adoração que pronunciaste, te conforta o rosto amado, te conforta tê-la querido por tanto tempo, e afundas e te ensimesmas nesse sentimento que concentra o êxtase da Revelação. Um tranco mais forte interrompe teu enlevo, a ampola presa à haste metálica oscilando como um pêndulo, até que dedos sem corpo, extraordinariamente delicados, estacam o movimento, o líquido debatendo-se, ondulante. Onde estás? Te agitas, te enervas, te assustas, sentes que te machuca um gosto amargo, a bile acre desgastando teu estômago. Um elevador, reconheces; estás agora num elevador, as paredes cor de cinza, opressivo ambiente, gigantesco amargor, e te vêm a asfixia, as emanações acerbas do vômito, o cubículo fechando-se sobre ti, a sensação de que te moves, bóias, cais, queda livre em vertigem, zonzeira de voragem. Tu, teu corpo de paciente incendiando-se no próprio sol.

Estaca o silvo da ventania e, a custo, tentas abrir os olhos, anseias que tudo tenha acabado. Mas não, ali estão os vultos, as enfermeiras, os rostos marciais, as assombrações te ladeiam, e continua a zunir, e mais zune em teus ouvidos o ruído gelado da borracha contra a pedra. Sono, tens sono, é poderoso, inelutável, mas resistes, tens de resistir, queres ser dona ao menos de algo, e continua o atrito nervoso que tenta te embalar e que não te dá nenhum acalanto. De súbito, reparas que o frasco repousa em seu prumo, tranqüiliza-se o conteúdo translúcido: estás parada. Te desesperas, te abandonaram, te deixaram num canto, te esqueceram, vais morrer aqui, sozinha. As luzes do teto brilham com ferocidade e mais te machucam, aguilhoando-te a base da nuca, espinhando-te a alma. Frágil, frágil, assim te sentes, e se pudesses chorarias de abandono e desespero. Como um consolo, arma de toda a tua vida, te acode o rosto amado, os olhos de sempre, a boca do prazer te diz mudamente calma, calma, Aninha, sou eu, Clara, nada vai acontecer, e ela te beija e beijas o ar que ela respira; sorris, tola, para essa alucinação, sorris porque os lábios te atiçam as pulsões, porque lhe sentes os braços a envolverem teu corpo, calma, calma, ela volta a repetir, a voz te embala e te nina, ela te alça o tronco, tuas pernas estão livres, teus braços estão livres, ela te libertou, ela vai te amar, o corpo roça o teu com leveza, a textura da pele fundindo-se com a tua, ela maravilhosa de beleza, da beleza que sempre lhe atribuíste, ela tão igual a ti, a outra, aquela que te faz feliz. Entretanto, um frio colossal se abate e, para teu máximo desespero e tragédia, a imagem se dilui; o poder das lâmpadas insiste e já são outras mãos que te tocam, mãos rudes, mãos pesadas; mãos que não pertencem aos teus delírios, e paira e insiste uma claridade feérica sobre tua cabeça, como imensas luas de aço. Um rosto, vês um rosto, é doce a imagem do humano e quase te aquieta, mas há essa máscara a ocultar parte das feições, sabes que é um homem, os olhos protegidos por lentes, os dedos te tocam a testa, dedos sem carne, polpas sem sumo, queres saber o que acontece, o que te vão fazer, onde está Clara, onde está tua mãe, teu pai, queres perguntar, queres ir embora, não queres que ele te toque, te invadem calafrios, uma compressão muito intensa te cinge a caixa do tronco e, antes que possas te debater, pressionam tuas têmporas e tua testa com ferros algentes. Desdobramento de tua impotência, vais morrer, pensas, esmagar-te-ão o tronco, a cabeça, teu corpo transformado em nada, a pressão desesperadora e imobilizante, queres sair dali, queres livrar-te do que te impõe a passividade, não queres morrer, chegas a pronunciar alguma coisa e tudo o que escutas é teu curto vagido. Novamente o rosto mascarado do homem, o mesmo homem, o médico, queres que ele apague a luz maldita, que te liberte o tronco e a cabeça, vais pedir-lhe, as palavras te morrem, desaparece o médico, mais rostos assomam à tua volta, uma legião de seres disfarçados, falam, falam entre si, murmúrios, tudo o que distingues são murmúrios, novamente te aparece ele, o médico, a máscara, e te diz a única coisa que podes compreender, você vai dormir, Ana, vai sentir muito sono, vai dormir. Queres tocá-lo, duvidas que ele seja real, a carne disfarçada por panos, a luz confundindo, ele continua a te olhar, repete as mesmas palavras, sono, sono, sentes sono, a imagem divide-se, duplica-se em espectros, qual deles é ele, o homem, os sons abafando-se, aplastando-se, diminuindo, sinfonia de quietude, sono, sono, o homem se esvai num fio de luz, a luz condensada como uma longínqua vela na escuridão, depois trêmulas cintilações como as de uma vela em transe de morte, depois o negrume, como se todas as velas fossem apagadas.

Dormes, enfim, e te deixo, minha bela. Deixo-te entregue à contenda de lâminas e gazes, ao ambiente estéril e reverberante. Eles ainda não sabem e nada lhes posso dizer.

Uma lástima.

O fim

Podia — ainda posso — ver através de ti sem que mesmo te tivessem aberto. Tu, uma fruta, e te abriram, aço e pele mistura cruel, a lâmina rasgando, um rastro de sangue teu, sublime sangue, insidioso caminho na abóbada de tua cabeça, a abóbada celestial de teu crânio, um escalpelo de dor em ti, que dormias.

Fizeram-te o quê? Teus cabelos, raparam-nos, os cachos morrentes, tesouradas ingratas cingindo a pura seda tua, a prima tonsura de um querubim. Duro o osso sem a maciez dos cabelos, teu crânio oferecendo-se como uma concha, o escudo firme de teu cérebro partindo-se, cedendo passagem como se fosse de giz, transluzentes meninges, pia-máter de pequeníssimos vasos, polpa de neurônios e sinapses, o Universo repetido em pérolas dentro da caixa de tua cabeça, o teu céu e teus mais secretos arcanos.

Por que tu?

Por que logo tu, Aninha, se eras tanto e tudo? Meus dias, eu os consagrei a ti, um depois do outro, exatamente assim, um depois do outro. Te cultivei na ausência, te fiz a memória do tempo e das coisas. Eu te cerquei de cuidados, vigiei-te as horas, guardei teu nome em mim e teu nome era zéfiro e treno. Eu te possuí mais do que ninguém porque eu te inventei, Aninha; eu te criei e te extingui da minha vida, eu te perdi para mim, para o medo, para todos os medos, íncubo anjo adorado, maravilha dos céus, mitologia da minha vida. Me quiseste com amor sempiterno, para sempre; para sempre não existe, para sempre é sempre por um triz, Aninha. E o único ser eterno sempre foste tu.

O que aconteceu depois?

Quis dizer o que se diz em tais momentos, a síntese do credo. Não pude. A profissão de fé não cabia em minha boca. Saí dali, correndo. Peguei meu carro e, aos arrancos, invadi o despertar da cidade, cruzei as avenidas, os semáforos todos fechados, a luz escarlate me cegando ainda mais, multiplicando a opressão em minha cabeça, os motoristas com cara de sono, o cosmo se espreguiçando para recomeçar. Recomeçavam eles. E eu recomeçava o quê?

Cruzei o portão de ferro, passei pelo *kiyor*; procurava. Era a primeira vez, minha primeira vez. Procurei e procurei mais, os antepassados jazendo silenciosos, um desespero de não encontrar; todos eram outros pais, outros avós, outros tios; outras famílias. De repente, Aninha, ali estava: a pedra, ângulos e arestas, a lisura perseverante, a inscrição, a foto, o nome. Meu pai. Meu pai? Não, Aninha, não era meu pai, era apenas o túmulo que testemunha a existência e que depõe contra todos os esforços. Pedra polida negra sem vida. Restos sem qualquer palpitação; ruínas de esperança. Abracei a pedra, abracei a morte e contagiei-me do frio. Busquei um seixo e depositei-o sobre a sepultura. Pedra à pedra.

E, depois, o que eu poderia fazer?

Nada, a não ser voltar à casa. Ali, as paredes explodiam; as janelas eram telescópios que aproximavam o mundo de fora. Os astros rodopiavam pelo teto, o sol pendurado sobre a mesa de jantar, eu tonta de tantas luzes.

Luzes.

Cobri os espelhos, evitando meu próprio reflexo, evitando ver em mim as cores da fatalidade. Na porta da cozinha, o rosto de Ana: mais pálida, mais magra do que sempre fora, os olhos de tom verde e álgido. Triste, a eterna imagem querida. Triste.

Nunca mais, nos muitos anos que se seguiram, deixei de contar a mim mesma o ocorrido, narrativas reflexivas cheias de imprecisões e de fantasias impacientes. Sabia que me traía a faculdade das lembranças, como, de resto, me traíram todas as coisas, e que havia uma parte dessa história que se esquivava de meu conhecimento.

A história.

Havia — há — sempre uma outra história, a coerência suspeita das recordações, os fragmentos desesperados dos fatos e, afinal, da vida. Mas algo eu soube desde então, a certeza perplexa e insofismável que sempre sucede os equívocos. Passei a reverenciar isso, minha única certeza, e a repeti-la e repeti-la para que nunca mais a força dos erros sucessivos se abatesse sobre mim.

Eu soube: o amor exige expressão. Ele não pode permanecer quieto, não pode permanecer calado, ser bom e modesto; não pode, jamais, ser visto sem ser ouvido. O amor deve ecoar em bocas de prece, deve ser a nota mais alta, aquela que estilhaça o cristal e que entorna todos os líquidos.

Agradeço ao Dr. Nelson Venturella Aspesi, médico mais do que vocacionado e amigo de toda a vida, pela disponibilidade e pelas muitas e preciosas orientações que me deu; a Miriam Grossi, pela emoção e pelas sugestões prontamente enviadas desde muito longe; a Solange Maria Luíza Basso de Mattos, pela ajuda carinhosa e pelo entusiasmo; a Maria Luíza Rietzel Remédios, pelo tempo que me concedeu quando eu mais precisava; a Fabrício Carpinejar, pela atenta e generosa leitura; a Iara Nemetz, doce amiga, que me trouxe, lá um belo dia, um recorte de jornal; a Adriana Kajon, por ter, mesmo à distância, acreditado; a Geni Moscovich e a toda a minha família, por estarem comigo sempre.

E a Luiz Paulo Faccioli, companheiro querido, por todo o amor que há nesta vida.

Este livro foi composto na tipologia Minion, em corpo 12,5/17, e impresso em papel Pólen Bold 90g/m² no Sistema Cameron da Divisão Gráfica da Distribuidora Record.